Heiderose Gärtner

Was durchs Leben trägt

Heiderose Gärtner

Was durchs Leben trägt

Praxishilfen für die Seniorenarbeit in der Gemeinde

Kreuz

Inhalt

Vorwort

Die in diesem Buch vorliegenden zwölf Einheiten für Seniorennachmittage mit Andacht und praktischen Vorschlägen helfen Ihnen, Ihre Seniorenarbeit kreativ und phantasievoll zu gestalten. Die Modelle sind fertig ausformuliert, von der Anmoderation bis zu den Liedvorschlägen und Gebeten, und können direkt übernommen werden. Gleichzeitig sind diese Modelle aber auch veränderbar, eine Fundgrube und Ideensammlung für Ihre eigene Arbeit: Sie können selbst auswählen, was für Ihre Gruppe und die Art Ihrer Seniorenarbeit am besten passt und wie Sie die vorliegenden Modelle nutzen wollen.

Im Buch sind die zwölf Modelle den zwölf Monaten eines Jahres zugeordnet, da sie sich thematisch teilweise auf die Jahreszeit bzw. Kirchenjahreszeit beziehen. Diese Zuordnungen sind aber nicht zwingend, sie stellen lediglich Vorschläge dar. So können etwa die Einheiten zum Thema »Gebet« oder zum Thema »Wie stellen wir uns Gott vor?« zu jedem Zeitpunkt behandelt werden. Überhaupt sind viele der Modelle, teilweise mit kleinen Modifikationen, auch zu anderen als den vorgeschlagenen Jahreszeiten verwendbar. Durch die Fülle der angebotenen Alternativen und eine Vielzahl von Aktions- und Gestaltungsvorschlägen können Sie ein Thema auch über mehrere Nachmittage hinweg vertiefend behandeln. Der Phantasie sind wie immer keine Grenzen gesetzt ...

Eine Liturgie, ein sich in jeder Einheit wiederholender Aufbau, prägt das Bild der Seniorennachmittage und gibt der Veranstaltung eine hilfreiche Struktur:

Unter **Ankommen** finden Sie neben Liedvorschlägen eine Hinführung zum Thema des Tages und zu den Aktionen.

Nach dem **Anfangen** mit Abkündigungs- und Gebetsteil wird zur **Andacht** übergeleitet. Das gemeinsame Kaffeetrinken dient dem **Austausch** innerhalb des Seniorenkreises und mit anderen Gruppen. Der **Aktion**steil bietet **Anregungen** für die aktive Umsetzung des behandelten Themas: Alle mit **Impuls** benannten Arbeitsvorschläge aktivieren das Nachdenken, Hören und Sprechen. Mit **Arbeitsauftrag** beginnen die Aktionen, die »mit den Händen« zu leisten sind. Da darf zugepackt werden, die motorischen Fähigkeiten sind gefragt.

Für den Abschluss Ihres Seniorennachmittags finden Sie unter **Abschied** Vorschläge für die Gestaltung des Auseinandergehens.

Im **Materialteil** am Ende des Buches finden Sie eine Fülle von Alternativen zu den einzelnen Punkten des Ablaufs: Sie finden Gebets- und Liedvorschläge, darüber hinaus Texte, die Sie als Gedankenanstöße zur Ausgestaltung Ihres Seniorentreffens einsetzen können. Der Materialteil bietet Ihnen Kopiervorlagen und alles, was sie brauchen, um Ihnen die Arbeit zu erleichtern. In den einzelnen Modellen wird auf den Materialteil verwiesen.

Ein Wort noch zu den Meditationen und Phantasiereisen, die in einigen der Einheiten beschrieben sind: Vielleicht ist es ungewohnt für Sie, zu Meditationen oder Phantasiereisen anzuleiten. Allerdings sind gerade diese Methoden für ältere Menschen, die in vielen Bereichen eingeschränkt sind, eine Möglichkeit sich frei zu entfalten. Denn: »Der Phantasie sind keine Grenzen gesetzt.«

Durch die vorgegebenen Anleitungstexte wird eine virtuelle Situation erzeugt, in der sich der alte Mensch alleine weiterbewegt und mit Hilfe seines Geistes vielleicht ungewöhnliche Erfahrungen machen kann.

Auch mit ungeübten Gruppen sind die vorgeschlagenen Übungen möglich. Die Erfahrung zeigt, dass sich viele gern darauf einlassen. Es erschließt den Teilnehmenden Neues und öffnet Horizonte. Wenn ein oder zwei dabei sind, bei denen sich keine Bilder aus ihrem Inneren eingestellt haben, so profitieren sie von den Erzählungen der anderen und sie werden ermutigt, sich das nächste Mal neu darauf einzulassen.

Der eher negativ geprägten Sicht des Alters in unserer Gesellschaft bietet dieses Buch bewusst Widerpart. Eigentlich altert der Mensch von der Zeugung an, Altern ist eine Grundbedingung des Lebens. Und dieses Leben gilt es zu leben und zu feiern – auch und gerade im Alter.

Das Alter ist reizvoll, spannend, noch nie da gewesen, die Vollendung eines Lebens. Das Alter wird von dem niederländischen Biologen Midas Dekkers als Lebensaufgabe gesehen:

»Menschen, die jung bleiben wollen, verlängern ihr Leben nicht, sie verkürzen es. Sie verpassen die zweite Hälfte ihrer Lebenstreppe. Weil das Panorama auf dem Weg nach oben so schön war, trauen sie sich nicht, während des Abstiegs nach unten zu schauen. Es ist, als wollte man nach der Pause nicht mehr in den Theatersaal zurück, weil man fürchtet, das Stück könne zu Ende gehen. Aber das Zuendegehen ist nun einmal das Wesentliche an einem Theaterstück, Film oder Roman. Je schöner die Geschichte ist, umso mehr wünscht man sich, dass sie nie zu Ende geht, und umso schneller möchte man zugleich wissen, wie sie ausgeht. Wie kann einen etwas interessieren, wenn man nicht auf den Ausgang neugierig ist? Was ist spannender, als zu erfahren, wie es mit einem selbst weitergeht? Als Junge wollte ich immer wissen, wie es ist, ein Mädchen zu sein. Nicht aus Unzufriedenheit, sondern weil es schön ist, sich in jemand anderen hineinzuversetzen. Es musste bei dem Wunsch bleiben. Niemals werde ich am eigenen Leibe erfahren, wie es ist, eine Frau zu sein. Aber jemand anders kann ich dennoch werden. Ich kann ein alter Mann werden. Das scheint mir spannend, denn ein alter Mann bin ich noch nie gewesen.« (Midas Dekkers, An allem nagt der Zahn der Zeit. Vom Reiz der Vergänglichkeit, München 1999, S. 290)

Midas Dekkers ist gespannt auf sein Leben, auf sein Alter. Es gehört dazu. Es will gelebt sein.

Ein wenig von dieser Begeisterung für das Leben und damit für das Altern wollen die Seniorennachmittage vermitteln. Auf die Frage: Wie kann die eigene Vergangenheit im Alter so bewältigt werden, dass sie Leben ermöglicht und nicht verhindert?, wollen die Andachten, Meditationen und Phantasiereisen Antwort geben und gangbare Lebenswege eröffnen.

Dr. Heiderose Gärtner

A-blauf der Seniorennachmittage

1. *A*-nkommen

- Die Teilnehmenden setzen sich an Tische oder in die Runde. Die Leiterin des Seniorennachmittags fordert auf. »Drehen Sie sich zu Ihrem linken Nachbar um – nehmen Sie bewusst wahr, wer neben Ihnen sitzt, wenn Sie ihn noch nicht begrüßt haben, dann tun Sie es jetzt. Jetzt schauen Sie zum rechten Nachbarn. Nehmen sie seine Anwesenheit wahr, heute ist er oder sie neben Ihnen.« (Andere Formen zum Beginn: Material zum Ablauf, S. 129–131)
- Verlesung des Tageslosung.
- Das Thema des Tages wird eingeführt. (Moderationsvorschläge in den Modellen)
- Lied je nach Thema. (Vorschläge in den Modellen)

2. *A*-nfangen

- Abkündigungen:
  PERSÖNLICHES:

* Bei Geburtstagen wird das Wunschlied gesungen.
* Wenn jemand aus dem Kreis gestorben ist, werden sein Name und sein Alter genannt, danach folgt ein Gebet. (Gebetsvorschläge: Material zum Ablauf, S. 131–132)

* Wenn jemand aus dem Kreis Großmutter (Urgroßmutter) oder -vater geworden ist, ist das auch eine Nachricht und eine Gratulation wert.
* Hat ein Paar die Goldene Hochzeiten gefeiert, kann das auch im Kreis durch ein Lied gefeiert werden. (Vorschläge: Material zum Ablauf, S. 133–134)
* Diejenigen, die am Sonntag vor dem Seniorenkreis Goldene, Diamantene oder Eiserne Konfirmation feiern durften, werden beglückwünscht. Ihre Plätze an der Tafel sind in besonderer Weise geschmückt.

VERANSTALTUNGEN:
* Die Veranstaltungen der Kirchengemeinde und weitere interessante Veranstaltungen, die im Ort stattfinden, werden angekündigt.

■ Gebet (Vorschläge: Material zum Ablauf, S. 132–133)
Das Gebet vor der Andacht hat die Aufgabe, die Aufmerksamkeit zu sammeln und Konzentration für die Andacht herzustellen.

3. *A*-ndacht

■ Lied (Vorschläge in den Modellen)
■ Vater unser

4. *A*-ustausch

■ »Gott ist mit uns, ich wünsche guten Appetit und interessante Gespräche«.
■ Die Melodie: »Der Kaffee ist fertig« erklingt als Einladung zum Kaffee-Trinken.

- Nun ist Zeit für das Kaffeetrinken und das Gespräch und den Austausch mit den Sitznachbarn.
- Im Rahmen des Kaffeetrinkens können auch andere Gruppen eingeladen werden. An dieser Stelle, also direkt nach dem Kaffetrinken, können der Kindergarten, eine Grundschulklasse oder eine Konfirmandengruppe sich mit einer Darbietung oder Ähnlichem vorstellen. Auch Kontakt zu anderen Gruppen, z.B. »Landfrauen«, Schachklub usw. können stattfinden.

5. *A*-ktion / *A*-nregungen

- Lied je nach Thema. (Vorschläge in den Modellen)
- Der Ablauf des weiteren Nachmittags wird vorgestellt. (Moderationsvorschläge in den Modellen)
- Eine oder mehrere Aktionen werden Ihnen zur Durchführung angeboten. Sie passen zum jeweiligen Thema des Tages.
- Die Anregungen enthalten weitere Hinweise und Vorschläge zur thematischen Gestaltung des Nachmittages. Sie können auswählen.

6. *A*-bschied

- Tipps und Hinweise:

* Jeder und jede hat nun kurz die Möglichkeit auf Wichtiges aufmerksam zu machen (z. B.: Es wird mitgeteilt, dass eine ehemalige Bewohnerin des Orte, die viele kennen und die

jetzt in der USA lebt, zu Besuch da ist. Oder eine andere fragt, ob am nächsten Tag jemand mit in die nahe gelegene Stadt fährt. Ein anderer sucht noch Mitwanderer für seine Tour.)

- Gemeinsam gesprochener Wochenpsalm.
- Lied: Herr, bleibe bei uns (EG 483) oder »Der Tag ist um« (EG 490) (weitere Vorschläge: Material zum Ablauf, S. 134)
- Wir winken uns zu und gehen auseinander (Andere Formen für den Abschied: Material zum Ablauf, S. 134–135).

Januar
Ein neues Jahr beginnt

1. Ankommen

Das Thema des Nachmittags wird angekündigt:

Vor kurzem war der 1. Januar, also Neujahr. Wir beginnen ein neues Jahr.

Haben Sie den Jahreswechsel auch genutzt, um zurückzudenken an das vergangene Jahr?

Haben Sie schon ein wenig Ausblick gehalten, mit Hoffnungen auf das neue geschaut?

Unser neues Jahr ist nun einige Tage alt. Trotzdem ist es noch ein »kleines Kind«.

Sie waren auch einmal kleine Kinder.

Ihre Eltern haben Ihnen die Geschichte Ihrer Geburt erzählt und jedes Jahr feiern wir Ihre Geburt am Geburtstag neu.

Heute geht es um das neue Jahr und um Ihre Geburt.

Ein neuer Mensch ist mit Ihnen auf der Welt – einmalig und einzigartig.

Sie als Person stehen heute im Mittelpunkt des Nachmittags. Besonders im Blick haben wir dabei das »innere Kind«. Jeder und jede von uns trägt, unabhängig vom Alter, noch etwas von dem kleinen Kind in sich, das Sie vor langer Zeit einmal waren. Diesem inneren Kind wollen wir heute begegnen.

■ Die Jahreslosung wird gelesen und als Buchzeichen, Karte oder Bild verteilt.

Lied: O dass ich tausend Zungen hätte (EG 330)

2. Anfangen

Abkündigungen; Gebet (vgl. S. 11 f.)

3. Andacht

Alt sein und neugeboren werden – wie geht das? Diese Frage beschäftigt Nikodemus.

Bibeltext: Joh 3,1-16 (in guter Übersetzung) wird vorgelesen

Auch alte Menschen fragen und suchen nach dem richtigen Weg im Leben. Sie suchen nach Sinn, nach Gott, nach Neubeginn. Das Beispiel des gelehrten Nikodemus zeigt, dass man gerade im Alter angesichts des Todes und der Frage des ewigen Lebens Suchender und Fragender werden darf.

Der älter gewordene Mensch ist jemand, der auf eine besondere Weise fragt und sucht. Durch die Erfahrungen seines Lebens hat er viele Antwortmöglichkeiten hinsichtlich der Frage nach dem Sinn des Lebens schon ausgeschlossen. Oft bleibt eine befriedigende Antwort aus, und die Angst wächst, wie bei Nikodemus, als alter Mensch den Sinn des Lebens zu verfehlen.

So fürchtete Nikodemus, nicht mehr wiedergeboren zu werden, weil er zu alt ist (Joh 3,4).

Er hat Angst, sein Leben sei verfehlt oder unnötig gewesen. Er hat Angst, dass er seinem Leben in seinem Alter nicht mehr die richtige Richtung geben kann. Er befürchtet, dass eine wirkliche Veränderung nicht mehr möglich ist. Mit diesem Anliegen wendet er sich an Jesus.

Durch ihn erkennt er, dass die Veränderung in der Erkenntnis und die Erneuerung im Glauben im Alter möglich ist. Sie ist nicht vom Alter abhängig. Die Beziehung zu Gott ist unabhängig von den Jahren. Man kann sich ihm immer wieder neu zuwenden, egal wie alt man ist.

Und man kann erfahren, dass die Zuwendung zu Gott wie eine Geburt sein kann. Sie beinhaltet eine neue Qualität des Seins, es ist ein Neuwerden.

Die Erfahrung des Alterns, das Abnehmen der psychischen und physischen Leistungsfähigkeit ist nicht das, was letztlich über den Menschen entscheidet. Auch im Alter ist Neugeburt möglich, die Neugeburt einer Gottesbeziehung, der Neubeginn eines abgebrochenen Gesprächs mit Gott. Dazu ist es nie zu spät.

Oft hatten wir in den Kinderjahren ein ganz nahes Verhältnis zu Gott. Er was selbstverständlich da. In den Jugendjahren kamen die ersten Fragen auf. Warum hat Gott Kriege zugelassen? Wo ist dieser liebe Gott? In der Zeit der Familiengründung und des Existenzaufbaus gerät die Frage nach Gott in den Hintergrund. Aber von der Lebensmitte an werden die Stimmen in uns selbst wieder lauter, die nach Gott, nach dem Sinn des Lebens fragen. Und im Alter stellen wir vielleicht mit Nikodemus zusammen die Frage: Können wir mit Gott noch einmal neu anfangen? Uns auf ihn einlassen wie als Kinder? Es ist möglich, sich ihm in die Arme zu werfen, unserem Gott, so wie Kinder in die wartenden Arme der Eltern laufen. Er fängt uns auf.

Von einem Rabbi wird erzählt, dass er in einer Runde mit anderen plötzlich die Frage einwarf: Wo wohnt Gott? Als keine Antwort kam, gab er sie selbst. Gott wohnt dort, wo man ihn einlässt. – Ja, vielleicht ist es so einfach! Gott wohnt dort, wo man ihn einlässt!

Andacht (Alternative)

Bibeltext: Römer 8,14-17

Kindsein ... Viele Erwachsene haben die Kindheit in guter Erinnerung. Das war noch schön ... Bei vielen von uns Erwachsenen verklärt sich die Zeit der Kindheit beim Rückblick in die Vergangenheit.

Wer seine Kindheit nicht positiv erinnert, der trauert meistens darüber, auch noch als Erwachsener.

Was ist das, was uns so sehnsüchtig auf die Kindheit blicken lässt?

Vielleicht das: Damals wurden wir umsorgt. Andere trugen die Verantwortung – und so konnten wir mutig sein und Grenzen ausprobieren. Wir hatten Hoffnungen, Erwartungen und Träume.

Wieder Kind sein dürfen, einen guten Vater, eine gute Mutter haben zu können, das scheint eine entlastende Vorstellung zu sein. Wir verbinden nämlich damit, dass da noch jemand ist, der hinter uns steht. Der hält mich an der Hand, wenn etwas nicht so geht, wie ich das will, der lässt mich nicht los. Der hilft mir aber auch, wenn ich allein gehen will und lässt mich. Ich bin es, der hingehen kann und mir Unterstützung und Hilfe holen kann bei den Eltern, oder ich kann auch darauf verzichten.

Eine ideale Kindheit gibt es nicht. Und doch bleibt die Sehnsucht nach Geborgenheit. Auch als Erwachsene dürfen wir Kinder sein, sind wir Kinder, so sagt es der Bibeltext. Kinder in dieser guten Weise: die alleine ihren Weg gehen dürfen, wenn sie wollen, die aber auch Hilfe bekommen, wenn sie dies möchten. Also: Wir dürfen heute auch noch Kinder sein: Kinder Gottes. Das ist Gottes Zusage, die uns Jesus weitergesagt hat.

Wir dürfen zu Gott »Papi« – »Abba« sagen. Jesus lebt es uns vor, »Papi« zu Gott zu sagen. Es war damals, zur Zeit Jesu, vor fast 2000 Jahren, genauso ungewöhnlich von Gott in dieser Koseform von Papa zu reden wie heute. Aber gerade dass wir Gott so nennen dürfen, drückt das zärtliche Verhältnis aus, das Gott zu uns hat und das wir zu ihm haben dürfen.

Wenn wir heute als Erwachsene »Papi« zu Gott sagen, sprechen wir das sicher anders als Kinder. Auch werden wir die Beziehung zu ihm anders erleben als Kinder. Kinder haben eine ganz unmittelbare Beziehung zu Gott, zu der anderen Welt, die unseren Alltag umfängt. Wir sind Erwachsene und es ist eine andere Wirklichkeit, die wir erleben – nicht selten durch Fragen und Zweifel geprägt. Wenn wir dann doch »Papi«, »Väterchen« zu Gott sagen können, dann sprechen wir aus einer anderen Wirklichkeit heraus. Wir sagen das dann trotzdem, obwohl uns die Welt gottlos erscheint. Wir sagen es, obwohl wir die Verantwortung für unser Leben tragen, obwohl wir erwachsen sind. Ich denke, wenn wir so ein Verhältnis zu Gott haben, können wir uns als seine Kinder begreifen. Wir lieben ihn trotz allem, was wir sehen, trotz allem, worunter wir leiden. Es ist eine geläuterte Form der Naivität. Gemeint ist damit die Unmittelbarkeit, die direkte, unverstellte Beziehung zu Gott. In der Religionspädagogik spricht man von der zweiten Naivität. Wir sind durch das Leben gegangen, wir haben erlitten und ertragen, wir haben uns gefreut, wir erleben die Anfechtung von Tod und Sterben, wir sind durchs Leben gegangen, und wenn wir zu Gott so »naiv«, d. h. unmittelbar beten können, sind wir zum Anfang, zu Gott als Vater zurückgekehrt.

Alle Menschen als Kinder Gottes haben einen Vater. Als Kinder Gottes sind alle Menschen Geschwister. Als Geschwister sind wir füreinander da und aufeinander angewiesen. Und zwar generationsübergreifend. Selten wird die Geschwisterschaft der Kinder Gottes bei uns in den Kirchengemeinden wirklich gelebt. Das bedeutet nämlich, Verantwortung für andere zu übernehmen über meine Kleinfamilie hinaus. Hier können wir zu Vätern und Müttern, zu Omas und Opas werden und zu partnerschaftlichen Geschwistern in der Gemeindefamilie.

Kinder Gottes sind wir – auf die Frage, warum wir das sind und woher wir das wissen, gibt Paulus die Antwort: Der Geist Gottes selbst ist es, der unserem Geist sagt, dass wir Kinder Gottes sind. Wir dürfen ganz gewiss sein, dass es so ist, dass wir Kinder Gottes sind. Als Gottes Kinder haben wir die Möglichkeit, uns an ihn zu wenden, als Kinder sind wir aber auch die Erben Gottes. Wie erwachsene Kinder, die den Besitz, das Vermögen Gottes erben und daraus die Verpflichtung erhalten, das auch verwalten zu müssen.

Wir sind Kinder und Erben Gottes. Ein Erbe kann man nur annehmen oder verweigern. Beides ist aber möglich. Man muss seinem Erbe gegenüber Stellung beziehen. Es kann Last oder Freude sein, Reichtum oder Schulden. Entziehen kann ich mich meinem Erbe nicht. Ich muss mir überlegen, ob ich es annehmen will oder nicht. Diese Erbschaft Gottes umfasst zweierlei: Einmal die Aufgabe, die Liebe Gottes so weiterzusagen, wie Jesus es tat, und zweitens die Zusage, dass wir dann auch nach unserem Tod bei Gott sein dürfen, mit an seinem Reich teilhaben. Das Erbe umschließt also Recht und Pflicht. Das Recht mit Gott zu leben und die Pflicht, seine Botschaft weiterzusagen, sodass Menschen sie verstehen und auch Kinder Gottes werden können. Diese Erbschaft ist wie eine jede andere Erbschaft auch: einmal mit Verpflichtung verbunden und das andere Mal unverdientes Geschenk. Sie ist beides gleichzeitig.

Wir sind Gottes Erben und Erben Jesu. Als Miterben werden wir, die Kinder Gottes, in die gleiche Reihe mit unserem Bruder Jesus gestellt. Paulus spricht von uns als einem Miterben Jesu. Unsere Aufgabe ist es, die Liebe Gottes, so wie Jesus sie vorlebte, weiterzugeben und weiterzutragen. Es ist schön, wie Paulus uns ermutigt, uns in die gleiche Reihe mit Jesus zu stellen. Miterbe, Bruder, Schwester Jesu sind wir. Das heißt, dass wir auch in sein Leben und Sterben eingebunden sind.

Erben sein bedeutet: Beteiligung an Freud und Leid. D. h. wir leiden mit ihm und erwarten auch Anteil am Reich Gottes mit ihm zusammen. Im griechischen Text des Neuen Testamentes heißt das Wort »leiden« »sympathein«. Wenn wir mit ihm leben, mit ihm leiden, »sympathisieren« wir mit ihm. Sympathisieren meint nicht jemanden nett finden, es bedeutet Anteil nehmen am Leben des anderen, d. h. auch mit ihm leiden, wenn der andere leidet. Das Wort »mit ihm leiden« heißt, mit ihm sympathisieren. Wenn wir das, was er sagte und tat, zu unserer Sache machen und weitertragen, dann sympathisieren wir mit ihm. Aber gerade dieses Wort enthält auch das Ergebnis: Wenn wir seine Sache in die Welt tragen, wenn wir mit ihm sympathisieren, werden wir mitleiden: An den Verhältnissen dieser Welt und daran, dass die Botschaft von der Liebe Gottes viele Menschen nicht erreicht. In unserem deutschen »Mitleiden« wird noch ein anderer Aspekt des Leidens angesprochen, nämlich die Leidenschaft. Die Leidenschaft für die Sache Gottes. Das Leiden daran, dass es auf dieser Welt nicht so ist, wie Gott es will, und dass es unsere Aufgabe ist, uns leidenschaftlich dafür einzusetzen, dass Menschen nicht leiden, Menschen hier so leben können und dürfen, wie Gott es will.

Sich leidenschaftlich für Gott einsetzen, bedeutet sich hemmungslos für die Welt einsetzen. Viele bekannte Namen kann man anführen für leidenschaftliches Engagement, von Martin Luther bis Dietrich Bonhoeffer. Aber sich leidenschaftlich für die Sache Gottes einsetzen, kann jeder und jede gerade dort, wo sie leben und arbeiten.

Ein Beispiel für leidenschaftlichen Einsatz für Gott: Vor einigen Jahren begleitete ich eine MS-kranke Frau. Sie lag im Bett und hörte Kassetten und Radio. Mühsam konnte sie mit mir sprechen. Sie wusste, dass sie auch bald nicht mehr sprechen können würde. »Wenn ich gar nichts mehr kann«, sagt sie mir, »so kann ich doch noch das Eine: zu Gott beten, Fürbitte für andere Menschen halten.« Bedingungsloser Einsatz für die Sache Gottes – was das heißt, hatte mir diese Frau vorgelebt.

LIED: Ja, ich will euch tragen bis zum Alter hin (EG 380)

Vater unser

4. Austausch

Kaffeetrinken; Gespräch; Austausch (vgl. S. 12 f.)

5. Aktion/Anregungen

Lied: In Gottes Namen fang ich an (EG 494, 1.4.6)

Der Ablauf des weiteren Nachmittags wird vorgestellt:

Ein neues Jahr beginnt. Wir denken an unsere Geburt, wie hat es mit uns begonnen? Was haben Sie darüber gehört? Wie sehen Ihre Erinnerungen aus? Auf ein Blatt mit Kinderfüßen können Sie Ihre Notizen schreiben.

Sie wuchsen heran und wurden zu einen kleinen Kind. Gibt es heute noch etwas, das uns mit diesem »kleinen Kind« verbindet, das fragen wir in einem zweiten Schritt. Wir werden eine Wandzeitung anfertigen. So sind Sie heute. Damals und heute – es gibt einen Zusammenhang! Wer Lust hat, kann Gipsabdrücke der eigenen Hand oder des Fußes anfertigen. Nach dem Motto: so sieht meine Hand, so sieht mein Fuß heute aus! Etwas anders sieht er aus als die Kinderfüße auf dem ersten Blatt, das Sie bekommen haben.

Impuls:
Geburt eines neuen Jahres, wir denken an unsere eigenen Anfänge zurück. Bei der Geburt waren wir alle dabei, wir können uns aber nicht an sie erinnern. Unsere Vorstellungen über unsere Geburt sind gespeist aus den Erzählungen der Eltern und der Verwandten. Was wissen Sie über ihre Geburt, wie geht es Ihnen, wenn Sie daran zurückdenken?

Die Din-A-4-Blätter mit Kinderfüßen (Kopiervorlage siehe Materialteil, S. 136) werden ausgeteilt. Die Teilnehmenden schreiben auf die Blätter mit den Kinderfüßen »Was ich über meine Geburt weiß.« Anschließend Austausch in Kleingruppen.

IMPULS:
Was verbindet Sie mit dem Kind von damals? Vielleicht erinnern wir uns an unsere ersten Jahre bis zur Schulzeit nicht mehr so genau. Aber wir sind in diesen ersten sechs Lebensjahren entscheidend geprägt worden und wir haben eine bestimmte Vorstellung von diesen Jahren in unserem Kopf und unserem Herzen bewahrt. Diese Erinnerungen haben unser späteres Leben geprägt. Manche leiden bis ins hohe Alter darunter, dass sie nicht genügend Liebe oder Entfaltungsmöglichkeiten hatten, oder dass sie ein Elternteil sehr früh verloren haben. Andere ziehen Lebenskraft daraus, wie sie ihre Kindheit erlebt haben. Sie erinnern sich an fröhliche und glückliche Tage der Selbstentfaltung. Also: Was verbindet mich heute mit dem Kind, das ich früher war?

Große Bögen Papier hängen im Raum. Die Teilnehmenden haben die Möglichkeit darauf zu schreiben oder Karten anzuhängen. Die beschriebenen Karten werden aufgehängt. Die Wandzeitung wird von allen gelesen, es ergeben sich Gespräche. Die Leiterin systematisiert für sich die Ergebnisse (etwa in Gefühle, Einstellungen, Erwartungen, Defizite). Wenn es Übereinstimmungen gibt, werden sie kurz ins Plenum zurückgespielt und besprochen.

ARBEITSAUFTRAG:
Wer mag, kann einen Gipsabdruck seiner Hand oder seines Fußes anfertigen. Danach bewundern wir gemeinsam die Werke: So sind Sie!

So fertigen Sie einen Gipsabdruck:

Gips aus dem Baumarkt oder aus dem Bastelgeschäft wird mit Wasser angerührt. Er muss eine gute Konsistenz haben, er darf nicht zu flüssig sein. Eine praktische Unterlage für einen Gipsabdruck ist der Deckel eines Schuhkarton, der vorher mit Aluminiumfolie ausgekleidet wurde. Der Deckel muss sorgfältig und ohne Falten mit der Aluminiumfolie überzogen werden. Der Gips wird darin gleichmäßig verteilt. Die Hand oder der Fuß kann im Material abgedrückt werden. Der Abdruck ist gelungen, wenn sich die Linien z. B. der Handflächen deutlich sichtbar abzeichnen.

6. Abschied

Tipps und Hinweise; Wochenpsalm; Lied (s. S. 13 f.)

Februar
Die Masken fallen

1. Ankommen

Das Thema des Tages wird eingeführt:

Die Narren herrschen – nicht nur im Februar, seit dem 11. 11. haben sie das Regiment übernommen. Die Narrenzeit ist eine wichtige Zeit nach den dunklen Monaten des November, Dezember. Sie macht das Leben wieder bunt und lustig. Wir dürfen uns verkleiden, Masken anziehen. Kleider machen Leute – das ist richtig, das gilt auch heute noch. Wir können jemand anders sein, indem wir uns etwas anderes anziehen. Wir können jemand anderes werden, indem wir in andere Rollen schlüpfen.

Lied: Kommt herbei, singt dem Herrn (EG Pfalz/Baden 617; EG Württ. 601)

2. Anfangen

Abkündigungen; Gebet (vgl. S. 11 f.)

3. Andacht

Bibeltext: Psalm 139

In dieser Fastnachtszeit wird offenbar, was wir sonst eigentlich auch tun: Wir verkleiden uns. Wir werden zu jemand anderem – spielen eine Rolle. Aber auch im Alltag außerhalb der Fastnachtszeit haben wir unsere Verkleidung an und unsere Masken auf. Jeder und jede von uns spielt im Alltag eine Rolle. Oder manchmal spielen wir im Laufe des Tages mehrere Rollen. Rollen in der Familie, im Beruf und in der Freizeit. Es gibt viele Rollen, die da gespielt werden: der Harte, die Weiche, der Lässige, der Wichtige, die Fleißige. Kleidung, Haartracht, alles das kann Maske sein. Immer perfekt sein, auch das kann ein Teil der Maske sein.

Welche Masken tragen wir? Welche Masken tragen Sie? Welches Bild von mir will ich dem anderen vermitteln? (*Drei Minuten Stille.*)

Hinter Masken kann man jemand anderes sein, kann man sich verbergen. Nun, so ganz ohne Masken zu leben, geht aber sicher auch nicht. Wenn man eine Maske trägt, geht's nicht unbedingt darum, seine eigene Persönlichkeit, das eigene »Ich« zu verbergen. Masken können auch schützen. Sie schützen mich vor den Angriffen der anderen. Schützen mein vielleicht kleines Ich, das nicht so selbstbewusst ist, das viele Fehler hat. Da brauche ich die Maske, um zu überleben. Sie ist dann Schutz. Nur manchmal, wenn die Masken zum »zweiten Ich« werden und ich selbst, wenn ich sie aufsetze, es gar nicht mehr merke, dann bin ich zur Maske geworden. Dann beherrscht mich die Rolle, die ich spiele, und ich habe mein eigenes Ich verloren.

Ein Mann erzählt mir von sich. »Schon seit Jahren laufe ich mit einer Maske herum. Mit ihr decke ich meine Schwächen zu und verberge meine Gefühle. Sie ist mein zweites Gesicht geworden. Ich lächle verbindlich, aber mein Lachen ist nicht echt, kommt nicht von Herzen. Ich wirke sicher und stark, aber ich tue nur so, ich spiele Theater. Ich bin nicht so, wie ich wirklich bin. Ich wünsche mir einen Menschen, der das durchschaut. Der mich in den Arm nimmt und sagt: Ich mag dich so, wie du bist.«

Wenn wir die Masken weglegen – wie sehen wir dann aus? Was verbirgt sich dahinter? Oft steckt ein verletzlicher Mensch dahinter. Jemand, der es nötig hat, dass der andere zu ihm sagt: Ich mag dich. Nur, wer sagt das schon zu uns? Wer nimmt uns so an, wie wir sind, ohne dass wir eine Maske aufziehen und eine Rolle, vielleicht eine angenehme, spielen?

Vor einem brauchen wir uns nicht zu fürchten, er kennt uns – mit oder ohne Maske. Er schaut durch unsere Masken und Rollen hindurch. Gott nimmt uns an, so wie wir sind: verletzlich und unzulänglich. Ja, er ist es, der uns so, wie wir sind, mag. Eben auch ohne Maske! Im Psalm 139 heißt es: »Gott, du erforschst mich und kennst mich. Du verstehst meine Gedanken von ferne.« Wenn es einen gibt, der uns so annimmt, wie wir sind, ohne Maske also, können wir uns dann nicht auch annehmen, so wie wir sind, ohne Maske, mit unseren Schwächen und Fehlern? Gottes Liebe zu uns, so wie wir sind, ist unerschütterlich. Kann das nicht ein wichtiger Schritt zur Eigenliebe, zur Liebe zu uns selbst, mit Schwächen, Fehlern und Macken sein?

Wenn wir uns annehmen, so wie wir sind, dann können wir vielleicht auch die anderen Menschen eher annehmen, die Menschen hinter ihren Masken. Ich weiß, Gott liebt auch diesen anderen Menschen, so wie er ist. Dann schaffe ich es, die Unzulänglichkeiten der anderen mit Gelassenheit und Geduld anzunehmen.

Gott durchschaut uns. Aber nicht in dem Sinn, wie es der Sprachgebrauch des Alltags nahelegt: Ich durchschaue dich und dein Spiel, deine Strategie. Gott durchschaut uns heißt vielmehr: Gott schaut auf das wahre Ich in uns.

Jemanden lieben heißt, ihn so zu sehen, wie Gott ihn gemeint hat. Das heißt, durch die Masken hindurch zu schauen auf das Ich mit Schwächen und Fehlern. Das heißt aber auch hindurch schauen auf den Grund des Menschen, den Gott in ihm gelegt hat. Wir dürfen auf den Kern eines Menschen schauen, den der Schöpfer, Gott, wachsen ließ. In diesem Kern begegnet mir Gott. Lieben heißt, einen Menschen ohne Maske, mit seinen Schwächen und trotz seiner Schwächen zu lieben. Lieben heißt aber auch, durch die Schwächen und Fehler eines anderen Menschen hindurch zu sehen auf den Kern seines Wesens. Dorthin, wo er Ebenbild Gottes ist, wo Gott in ihm mir entgegenleuchtet.

Vielleicht kann man ein bisschen spielerisch mit Rollen und Verkleidungen im Alltag umgehen. Jeder braucht im Alltag seine Maske, seine Rolle als Schutz im Beruf, in der Nachbarschaft, in der Familie. Aber sie sollte keine Macht über uns bekommen. Wie kann man das verhindern? – Indem wir mit unseren Masken und Rollen spielen.

In der griechischen Tragödie, in der Zeit des Beginns des Theaters um 400 v. Chr., trugen die Schauspieler Masken, um ihre Rollen darzustellen. Oft hatten sie auch mehrere Rollen und trugen verschiedene Masken. Meistens wurde ein dramatischer Inhalt dargestellt. Durch die Darstellung angeregt, sollten die Zuschauer mit hineingenommen werden in das Geschehen auf der Bühne. Sie sollten Mitleid und Furcht erleben und so zu einer inneren Läuterung durch das Schauspiel kommen. Die Masken wurden genutzt, Menschen zu motivieren, Anteil an dem Spiel zu nehmen.

Vielleicht können wir Masken heute so nutzen. Wir setzen sie bewusst ein im Spiel des Lebens: Wir wollen vielleicht gute Lehrer und Lehrerinnen sein. Wir werden das nicht immer erreichen. Wir können uns aber darum bemühen, gute Lehrer »zu spielen«, eine gute Pädagogenrolle vorzuführen, auch wenn wir selbst nicht perfekt sind. Das Bemühen, gut zu sein, ist unsere Aufgabe. Es ist ein Teil unserer Rolle im Beruf, im Alltag und im Leben. Vielleicht können wir bewusst diese unterschiedlichen Rollen annehmen und einsetzen. Sie dienen dann zum Guten. Dann bin ich bewusst der Lehrende, der Erziehende. Das andere Mal mehr die Mutter, die Liebende. In diesem Sinne, im Sinne des griechischen Theaters, Rollen spielen, kann im Leben hilfreich sein. Die Rolle wird uns dann nicht beherrschen. Wir sind dann nicht unsere Rollen, wir setzen sie ein, damit Erziehung, Läuterung, neue Lebensreifung geschehen kann. Wir wissen dann, diese Rollen sind nicht alles, sie sind nötig und können sinnvoll sein im Alltag. Wir als

Menschen sind Geschöpfe Gottes, von ihm durch unsere Rollen und Masken hindurch geliebt.

LIED: Gottes Liebe ist wie die Sonne (EG Pfalz/Baden 654)

Vater unser

4. Austausch

Kaffeetrinken; Gespräch; Austausch (vgl. S. 12 f.)

5. Aktion/Anregungen

LIED: Nun lasst uns Gott dem Herren (EG 320)

Der Ablauf des weiteren Nachmittags wird angekündigt:

»Die Masken fallen«, so heißt unser Thema zur Fastnachtszeit. Die Andacht hat gezeigt, dass das nicht einfach ist mit dem »Masken-fallen-Lassen«. In manchen Lebenssituationen braucht man Schutz und das können Masken sein. Heute dürfen Sie, wenn sie wollen »ungeschützt«, geschützt durch die Rolle des Hofnarren, reden. Anschließend gibt es die Möglichkeit Tonmasken anzufertigen.

ZUSATZINFORMATION:
Wenn die Leiterin weitere Informationen zum Thema »Masken« geben will:

Ein Gang durch die Geschichte der Maske ist ein Gang durch die Kulturgeschichte der Völker. Nach unserem heutigen Verständnis sind dabei die Grenzen zwischen Kult und Kultur fließend. Immer aber werden Masken mit einer bestimmten Absicht verwendet, wie einige Beispiele zeigen.

Im alten Ägypten trugen die Priester bei Ritualen Masken und stellten mit ihrer Hilfe die Gottheiten dar, die verehrt werden sollten. Eine besondere Rolle spielten Masken in den Totenkulten. Davon berichten die Totenbücher. Die Wandmalereien in manchen Grabanlagen zeugen davon. Die Sonderform der Totenmasken ist auch in anderen Kulturen bekannt. Eine bekannte und beeindruckende Totenmaske ist die von Tutenchamun, die im ägyptischen Museum in Kairo ausgestellt ist. *(evtl. ein Bild dieser Totenmaske zeigen)*

Im antiken Griechenland z. B. wurden auf die Gesichter der Verstorbenen Masken gelegt. Bei Mykene fand man in Gräbern aus dem 16. Jh. v. Chr. beeindrucken Goldmasken, die offenbar nach dem Gesicht des Toten geformt worden sind. Das Antlitz des Verstorbenen sollte nicht verloren gehen.

In der griechischen Antike spielten Theatermasken eine große Rolle. Ihr Träger repräsentierte die Gestalt, die die Maske darstellte. So war es möglich, dass ein Schauspieler mit Hilfe der Maske in verschiedene Rollen schlüpfen konnte.

Im zweiten Jahrhundert nach Christus wurden im römischen Reich Masken (meist waren es Tonmasken) mit dem Verstorbenen in das Grab gelegt. Sie symbolisierten die Vergänglichkeit.

IMPULS:

Der Hofnarr war bis ins 17. und 18. Jahrhundert hinein der Spaßmacher und Unterhalter bei Fürstenhöfen. Aber nicht selten war er auch das einzige Mitglied des Hofes, das den Fürsten in der Regel ungestraft »Wahrheiten« sagen konnte. Zur Rolle des Hofnarren gehörte die Narrenkappe mit Eselsohren oder Hahnenkamm. Manchmal hatte er noch eine Narrenschelle und eine Halskrause. Auch heute noch wird in der Fastnachtszeit unter Aufziehen der Narrenkappe den Politikern mal öffentlich die Meinung gesagt. Ich habe eine Narrenkappe mitgebracht. Ich lasse sie durch die Runde gehen. Wer will, kann sie aufziehen und er darf dann in wenigen Sätzen das sagen, was er oder sie immer schon einmal sagen wollte, oder er darf uns zeigen, was er immer schon einmal sein wollte!

Arbeitsauftrag:
Die, die Lust zum praktischen Arbeiten haben, können sich mit mir an die vorbereiteten Tische setzten *(Die Tische sind mit Zeitungspapier abgedeckt. Auf ihnen findet sich alles, was zum Töpfern gebraucht wird: Ton, Draht, Spachtel, Zeitungspapier, Wasserschälchen)*. Wir wollen Tonmasken machen. Das Zeitungspapier wird locker zusammengeknüllt und so gelegt, dass man eine Maske darauf formen kann. Der Ton ist ca. zwei Zentimeter dick und 50 mal 40 cm groß geschnitten. Dieses Tonblatt wird auf das vorbereitete Zeitungspapier gelegt und zu einem Gesicht, zu einer Maske geformt. Die Ecken des Tons werden verarbeitet oder abgeschnitten. Nun erhält die Maske Augen, Nase, Falten, Mund und Zähne. Je nachdem, was beabsichtigt wird, entsteht eine Hexe, ein Narr, ein Altersgesicht oder ein Clown. Die Masken werden getrocknet und später gebrannt.

Impuls:
Gehen Sie von Tisch zu Tisch und schauen Sie sich die Werke an. Bitte tauschen Sie untereinander aus, warum Sie gerade diese Maske gemacht haben.

6. Abschied

Tipps und Hinweise; Wochenpsalm; Lied (s. S. 13 f.)

März
Karfreitag: Für uns – mit uns!

1. Ankommen

Das Thema des Nachmittags wird eingeführt:

Alles Leid der Welt spiegelt sich im Kreuz Christi. Unser Leiden und unser Tod ist in seinem aufgehoben. Was heißt das und was bedeutet das für uns heute? Was sagt mir die Botschaft von Karfreitag für mein Leben? Mit diesen Fragen werden wir uns beschäftigen.

Ein Zweites wird den heutigen Nachmittag bestimmen: Wie wollen wir Karfreitag begehen, wie kann er bewusst »gefeiert« werden?

LIED: Holz auf Jesu Schulter (EG 97)

2. Anfangen

Abkündigungen; Gebet (vgl. S. 11 f.)

3. Andacht

Bibeltext: Lukas 23, 33-49: Das Karfreitagsgeschehen

Am Text entlang möchte ich mit Ihnen in die Karfreitagsgeschichte wandern:

Eine Kreuzigung ist ein großes Volksspektakel. Viele Menschen schauen zu, wie zwei Verbrecher mit Jesus zusammen gekreuzigt werden. Jesus bittet Gott um Vergebung für alle Menschen, die an seiner Kreuzigung beteiligt sind. Da sind die Hohenpriester, die das Urteil gesprochen haben, die Soldaten als Vertreter der römischen Staatsmacht, die das Urteil vollstrecken und die vielen Zuschauenden, die neugierig hinschauen, was nun passiert. »Vater, vergib ihnen, denn sie wissen nicht, was sie tun.« Sie wissen nicht, was sie tun, so betet Jesus, um Gnade bei Gott für sie zu erlangen.

Es ist wohl so, dass den Menschen nicht bewusst ist, dass sie den umbringen, der ihnen Gutes wollte, der ihnen die Liebe Gottes bringen wollte. Jesus springt für diese Menschen in die Bresche, er betet für sie. Gleichzeitig teilen sie unter dem Kreuz seine Kleider auf. Das Volk steht da und sieht zu. Jesus bittet für die Menschen, von denen und vor deren Augen er gekreuzigt wird. Ist das nur eine rührende Geste? – Wohl kaum, denn er steht im Angesicht des eigenen Todes.

Zur Zeit Jesu wurde jedem, der hingerichtet wurde, vom Hohenpriester das Schuldbekenntnis abgenommen. Aber bei der Kreuzigung Jesu ist es ganz anders. Anstelle dieses Schuldbekenntnisses steht Jesu Gebet für die Menschen. Anstelle des Schuldbekenntnisses des Verurteilten steht Jesu Bitte um Vergebung für die Menschen, die beteiligt sind. Diese Fürbitte Jesu macht es allen an seinem Tod Beteiligten leichter, ihre Schuld einzugestehen. Das, was von Jesus erwartet wird, nämlich ein Schuldbekenntnis, ermöglicht er denen, die ihn gekreuzigt haben. Vermutlich war das eine Provokation für die, die für diese Kreuzigung verantwortlich waren.

Die Reaktion folgt: Die Oberen spotten und fordern Jesus auf, sich selbst zu helfen, das müsse er doch können, wenn er anderen geholfen hat. Die Soldaten setzen noch einmal nach: Bist du der König der Juden? Dann hilf dir selbst! Kein Verständnis für ihn, keine Einsicht. Auch der eine, der mit ihm gekreuzigt wird, stößt in dasselbe Horn: Hilf dir selbst! Dreimal die Aufforderung: Hilf dir selbst! Wer ist an diesem Spott beteiligt? Viele! Alle Personengruppen, die in unterschiedlicher Weise an der Kreuzigung Anteil haben: beim Urteil, bei der Vollstreckung, durch Zulassen und Zuschauen. Sie spotten jetzt alle in der gleichen Weise: Hilf dir selbst, – das ist in aller Munde. – Dieser Jesus bittet um Vergebung für sie – beißender Spott ist die Folge.

Nur einer, von dem man nicht unbedingt Einsicht erwartet, ein Verbrecher, neben Jesus gekreuzigt, bietet dem Spott Einhalt. »Uns geschieht diese Strafe doch zu Recht, aber dieser Jesus ist unschuldig.« Er sieht in Jesus den leidenden Gerechten, den die Propheten geweissagt haben. Er bittet Jesus um Beistand. Und Jesus verspricht ihm diesen Beistand: »Du gehörst zu mir.«

Ein lauter Gebetsschrei ist zu hören, kurz vor dem Tod Jesu – ungewöhnlich für einen Gekreuzigten, denn er verröchelt langsam in Erschöpfung. Lukas berichtet, dass die Menschen Jesu Gebetsanrede an seinen Vater, nämlich Abba, d.h. Vati, verstehen. Das ist die zärtliche Anrede eines Menschen an Gott. Das sagt ein Mensch, der Gott sehr nahe steht. Abba, ich befehle meinen Geist in deine Hände, ruft Jesus, so erzählt es Lukas. Der von Gott empfangene Geist als Träger des Lebens wird zurückgegeben.

Markus berichtet auch vom letzten Schrei Jesu: »Mein Gott, mein Gott, warum hast du mich verlassen.« Markus erzählt (Markus 15,34), dass Jesus mit dem ersten Vers aus Psalm 22 auf den Lippen stirbt, er versteht Jesus als den leidenden Gerechten, der im Alten Testament geweissagt worden ist. Wie bei vielen Klagepsalmen endet auch dieser Psalm mit dem Lobpreis Gottes.

Diese abweichenden Berichte von den letzten Worten Jesu vor seinem Tod lassen deutlich werden, dass von dieser Sterbestunde etwas ganz Besonderes auf die Umstehenden ausgegangen sein muss. Sehr unterschiedlich werden die Menschen diesen Tod erlebt haben. Manche werden ungerührt von dannen gezogen sein, andere haben durch Jesu letzte Worte ein Stückchen Verstehen und Glauben gefunden. Über den genauen

Wortlaut der letzten Worte Jesu nachzudenken, das ist Spekulation. Aber von ihnen ist etwas ausgegangen, das den Menschen half, Jesus zu verstehen.

Jesus betet für andere, er hält Fürbitte, setzt sich stellvertretend für Menschen bei Gott ein. Der Begriff »Stellvertretung« wird heute vorwiegend in juristischen Zusammenhängen und im soziologischen Sprachgebrauch verwendet.

Der Stellvertretungsgedanke kommt aus dem Alten Testament. Auf einen Bock, der im Familienverband lebt, wird die Sünde übertragen und fortgeschafft. Damit wird zeichenhaft die Sünde entfernt und dem Familienverband wird dadurch neue Gemeinschaft mit Gott gewährt. Die Stellvertretung durch Jesus meint, hier tritt jemand für mich bei Gott ein, weil er es kann, weil er Gott nahesteht und er bittet um die Vergebung meiner Sünden. Er stimmt sozusagen Gott für mich gnädig. So ist Jesus für den einen Schächer neben ihm am Kreuz eingetreten. Auch wir Christen und Christinnen heute dürfen stellvertretend für Menschen beten und einstehen.

Für Menschen stellvertretend eintreten, das kann auf vielfältige Weise geschehen:

Eine gute Bekannte beispielsweise nimmt in den Sonntagsgottesdienst, den sie regelmäßig besucht, ihre erwachsenen Kinder stellvertretend mit. Einen Sonntag nimmt sie das Gesangbuch der einen Tochter mit in den Gottesdienst, den nächsten Sonntag das Gesangbuch der anderen Tochter. Innerlich verbindet sie mit dieser symbolischen Geste, dass sie die Töchter »mit hineinnimmt« in diesen Gottesdienstbesuch. Sie geht nicht »für« ihre Kinder oder »anstatt« ihrer in die Kirche. Vielmehr nimmt sie sie mit in die Kirche. Bei allem, was sie für sich aus diesem Gottesdienst mitnimmt, weiß sie, dass es in irgendeiner Weise auch gut für ihre Töchter sein wird. Nicht jeder oder jede von uns kann dies so tun wie meine Bekannte.

Aber für andere beten, vielleicht ist uns das möglich. Ein »Beten für andere«, das über die Fürbitten des Sonntagsgottesdienstes hinausgehen kann. Wenn wir stellvertretend für andere beten, werden wir uns der Gegenwart Gottes bewusst.

Fürbitte tun heißt, nicht nur anderen Menschen etwas Gutes zu tun, es verändert auch die Beterin und den Beter. Ich fange an, die Menschen im Lichte Gottes zu sehen. Ich sehe ihr Leben in einer wunderbar verwandelten Weise: Ich sehe den Menschen im Lichte Gottes, so wie Gott ihn gemeint hat. Alles Kleinliche an ihm wird unwichtig, die gottgegebene Größe erscheint vor meinen Augen. Stellvertretend zu leben, verändert meine Sicht und mich selbst.

Jesus betet stellvertretend für die vielen Menschen. Am Anfang habe ich sie Ihnen genannt, die Menschen, die an der Kreuzigung beteiligt sind. Auch Frauen waren dabei. Wie haben sie die Kreuzigung erlebt? Vielleicht so ... Ich will sie sprechen lassen:

»Nur von ferne sehen wir zu, aber wir sind da. Was da passiert, das verstehen wir nicht. Für uns bedeutet es: Zurück in die alten Strukturen, Ende, Aus, Weltuntergang. Wir, Johanna, Susanna und Magdalena, sind es, seine Jüngerinnen. Wir wollten sehen, was wir nicht glauben können. Seine Jünger, die sind schon weg, die hatten Angst, auch noch dran zu kommen. Wie soll es jetzt weitergehen, alles ist aus – seinen Leichnam pflegen, das können wir noch – sonst weiter nichts. Die alte verkrustete Herrschaft wird weitergehen, alles muss so bleiben, wie es ist. Mann herrscht über Frau, Herr über Knecht – gerade da hatte er eine Schneise geschlagen: vor Gott sind alle gleich. Jede hat ihre spezielle Aufgabe, die in der Gesellschaft unterschiedlich angesehen ist, aber bei Gott hat jede ihren unverwechselbaren Wert, ist wertvoll, weil er sie liebt.

Aber jetzt ist der tot, der von dieser Liebe Gottes zu uns erzählt hat, nämlich Jesus.

Dieser Tod macht die Kleinen noch kleiner, die Stummen noch stummer, denn er hatte ihnen Stimme gegeben. Ende, Ende ... Tod.«

Diesen Frauen begegnet der Auferstandene zuerst. Auch für die Frauen ist Jesus eingetreten. Gerade für die Menschen, die in ungerechten Strukturen lebten und an ihnen litten. Für sie hat er gebetet. Ihm, diesem Jesus, hat Gott Recht gegeben. Er sollte mit seinem Tod ein für alle Mal zum Schweigen gebracht werden. Dass dies nicht gelingt, zeigt sein Tod, der nicht das Ende ist. Seine Sache geht weiter. Es ist nicht alles aus, es ist nicht alles beim Alten geblieben, wie die Frauen befürchtet haben.

Kurt Marti sagt das so:

> aber es kommt
> eine auferstehung die ganz anders wird
> als wird dachten
> es kommt eine auferstehung die ist
> der aufstand gottes gegen die herren
> und gegen den herrn aller herren:
> den tod.

Andacht (Alternative)

Bibeltext: 2. Korinther 1,3-7

Freuen trotz und im Angesicht des Karfreitags? Geht das, darf das sein?

Ja, weil Trauer und Freude zusammen gehören. Paulus zeigt das in unserem Text: Das christliche Leben besteht aus diesen Gegensätzen. Paulus zieht einen Spannungsbogen vom Trost zum Leiden und zurück – und er verbindet diese Gegensätze.

Selbst von Leid und Verfolgung geplagt, spendet Paulus Trost – überreich. Er schwebte in Lebensgefahr, saß im Gefängnis, war von Folter und Tod bedroht gewesen. Er erlebte, was Leid heißt. Er wusste, wovon er sprach, wenn er von Trübsal sprach.

Vielleicht kann man sich in die Bedrohungssituation hineinfühlen. Kein Ausweg ist mehr zu sehen, man fühlt sich einsam und verlassen, der Körper tut weh, er hat Wunden. Der

Tod steht vor Augen und erscheint vielleicht sogar als (Er-) Lösung. Wie kann man in einer solchen Lage nicht verzweifeln? Paulus findet immer wieder Hoffnung. Seine Erfahrung mit Jesus Christus, sein Glaube trägt ihn. Das ist sein Trost. Jesus hat ihn ausgesucht. Er, Paulus, hat die Aufgabe, den Menschen von Jesus zu berichten. Das Leiden im Gefängnis gehört für ihn zu dieser Aufgabe, und damit zu seinem christlichen Leben. Und auch dies, dass er getröstet ist in dieser Situation. In unserem kurzen Bibeltext ist zehnmal von Trost und trösten die Rede. Wir werden getröstet. Dieser Trost lebt aber nur weiter, wenn wir selbst trösten. So tröstet Paulus die Gemeinde in Korinth. Selbst aus dem Gefängnis hat er Briefe geschrieben.

Trotz eigenen Leides, ja gerade aufgrund seines Leids tröstet Paulus, weil er erfahren hat, dass er getröstet wird. Trost ist für Paulus nichts »nur« Menschliches. Im Trost, der gespendet wird, ist immer auch der Tröster dabei. Im Trost ist Gott gegenwärtig. Der Trost ist sein Geschenk.

So empfiehlt Paulus den Christinnen und Christen in Korinth, das Leiden anzunehmen. Es gehört zu einem Leben in der Nachfolge Jesu Christi dazu. Aber ebenso gehört der reiche Trost dazu.

»Wer auf Christus hofft, kann sich nicht mehr abfinden mit der gegebenen Wirklichkeit, sondern beginnt an ihr zu leiden.« So hat es der Theologe Jürgen Moltmann formuliert. Daran leiden Christen heute: An der Ungerechtigkeit der Verteilung des Reichtums überall auf der Welt, am Krieg und an den Menschenrechtsverletzungen, an einer wirtschaftlichen Entwicklung, die zu immer weniger Arbeitsplätzen führt. Und sie leiden auch an ihrer eigenen Ohnmacht, wenn man sieht, was in Kirche und Welt zu ändern Not täte. Wieviel Leiden an der Kirche gibt es gerade bei denen, die besonders treu zu ihr stehen? Auch diese Leiden brauchen Trost. Dieser Trost bewahrt davor, in Selbstmitleid zu versinken und letztlich nichts zu tun.

Wenn wir anfangen zu helfen und zu trösten, sind wir zwar noch Leidende, die aber getröstet sind. Wir werden nicht handlungsunfähig gemacht durch das Leiden. Deshalb können wir dort helfen, wo es nötig ist. Paulus tat dies, indem er die Gemeinde in Korinth tröstete und aufmunterte. Er gab ihnen damit neue Kraft.

Ich muss an eine Frau denken, von der ich gehört habe: Karin Leitner, sie war damals Mitte 40, sie wurde zur altkatholischen Priesterin geweiht. Sie war Sterbebegleiterin und stand Erzieherinnen und Angehörigen bei Sterbefällen von Kindern bei. Vor 10 Jahren erhielt sie die Diagnose: Bösartiger Gehirntumor, wenige Wochen Überlebenschance. In einem Interview erzählte sie Jugendlichen, wie sie trotzdem weiterlebte: »Ich hätte mich umbringen können oder ins Bett legen können und aufgeben. Aber ich wollte leben.« Das Schlimmste sei das Selbstmitleid gewesen oder die quälende Frage nach den »Warum«, worauf es keine Anwort gibt. Sie söhnte sich mit ihrer Krankheit aus. Sie fand Trost im Glauben. Jeden Morgen, wenn sie aufstehen und ihrer Arbeit nachgehen kann, ist das für sie ein Wunder. »Ich erwarte nichts vom Leben, das Leben erwartet mich«, das ist ihr Lebensmotto.

Am Rande des Todes lebt diese Frau. Trotz ihres Leidens tröstet sie Menschen in Not und hilft, wie in diesem Interview Schülerinnen und Schülern, das Leben zu verstehen.

Paulus will uns in die Trostgemeinschaft mit hineinnehmen, dass wir als getröstete Leidende Trost den Ungetrösteten spenden.

Lied: O Haupt voll Blut und Wunden (EG 85, 1.4.6.9)

Vater unser

4. Austausch

Kaffeetrinken; Gespräch; Austausch (vgl. S. 12 f.)

5. Aktion/Anregungen

Lied: Wir danken dir, Herr Jesu Christ (EG 79)

Der Ablauf des weiteren Nachmittags wird vorgestellt:

Das Karfreitagsgeschehen ist kaum zu begreifen und schwer zu fassen. Ein modernes Gedicht und ein Zitat, zu dem Sie, wenn Sie wollen, eine Kollage anfertigen können, werden uns bei der Annäherung an Karfreitag weiterführen. Im Anschluss daran haben die, die Interesse haben, die Möglichkeit, mit in die Kirche zu gehen. Wir wollen sie für den Karfreitagsgottesdienst vorbereiten.

Impuls:
Zur Einstimmung in den Nachmittag überlegen wir uns in der großen Runde, wo uns überall im Alltag Kreuze begegnen. Ich notiere Ihre Ideen auf der Tafel (Flip Chart etc.). (Beispiele: Straßen-, Wegkreuzungen, Autobahnkreuz, Gipfelkreuze auf Bergen, Kreuze, um Kacheln fachgerecht zu verlegen, Kreuz-Schraubenschlüssel, Konstruktionskreuze, z. B. an Dachstühlen, etc.)

Impuls:
Wer sich mit dem Gedicht »Passion« (siehe Materialteil, S. 137) auseinander setzen will, finde sich in kleinen Gruppen mit circa fünf bis sechs Personen zusammen. Folgende Frage kann durchs gemeinsame Gespräch leiten: »Wie kann das Karfreitagsgeschehen heute verstanden werden?«

Impuls:
Einen anderen Zugang zum Thema von heute bietet das Zitat von Jürgen Moltmann (ein schwarzer Plakatkarton ist vorbereitet, das Zitat steht in großen Buchstaben in der Mitte): »Es gibt kein Leiden, das in dieser Geschichte Gottes nicht Gottes Leiden, es gibt keinen Tod, der nicht in der Geschichte auf

Golgatha Gottes Tod geworden wäre.« Während des Gesprächs können Sie Ihre Überlegungen darstellen. Bitte schneiden Sie aus den Tageszeitungen Bilder, Wörter und Sätze aus und kleben Sie diese auf den Plakatkarton. Sagen sie den anderen aus der Gruppe, was sie dabei bewegt.

Arbeitsauftrag:
Alle, die mögen, können nun mit in die Kirche gehen. In der Kirche wollen wir gemeinsam überlegen, wie sie für den Karfreitagsgottesdienst aussehen soll. Wir werden die schwarze Altardecke auflegen und das Kreuz mit einem schwarzen Tuch bedecken. Sollen die Blumen und die Kerzen vom Altar weggenommen werden? Sollen die Glocken und die Orgel bis zum Ostermorgen schweigen, diese Fragen werden uns beschäftigen. Der/die Pfarrer/in hat zugesagt, mit uns in der Kirche über diese Fragen zu reden.

6. Abschied

Tipps und Hinweise; Wochenpsalm; Lied (s. S. 13f.)

April

Das Ende der Nacht ist der Beginn eines neuen Tages

1. Ankommen

Das Thema des Nachmittags wird angekündigt:

An Ostern feiern wir das neue Leben. Die Ostereier werden versteckt. Seit altersher ist das Ei ein Symbol für neues Leben. Es wirkt zwar tot, birgt aber neues Leben in sich. Manche Grabmäler legen Zeugnis für seine Bedeutung ab. Die Verstorbenen sind figürlich dargestellt und halten ein Ei in der Hand.

Wie kann aus Totem Lebendiges werden, aus Dunklem Helles, aus Leid Freude? Das sind die Fragen, die uns heute Nachmittag beschäftigen.

LIED: Wir wollen alle fröhlich sein (EG 100)

2. Anfangen

Abkündigungen; Gebet (vgl. S. 11 f.)

3. Andacht

Bibeltext: 1. Mose 32,23-33

Mit der Geburt beginnt unser Leben. Für einen Säugling ist das Geborenwerden gar nicht so einfach. Er muss sich zum Leben durchkämpfen. Dieser Geburtskampf ist nötig. Wer ihn nicht durchmacht, der stirbt. Dieser Geburtskampf ist lebenswichtig für die Durchblutung des Körpers und der Haut. Er leistet wesentliche Dienste für das spätere Leben. Für den Leib und die Seele eines Menschen ist dieser Geburtskampf notwendig! Am Ende des Lebens steht der Todeskampf!

Das Leben dazwischen gleicht oft auch einem Kampf, einer Bewährungsprobe. Ich möchte mit Ihnen einen solchen Lebenskampf genauer anschauen, den Kampf des Jakob am Fluss Jabbok. Jakobs ganze Lebensgeschichte bündelt sich in dieser Begebenheit.

Aber zuerst soll es um die Vorgeschichte gehen: Wie sah Jakobs Leben bis zu diesem Zwischenfall aus? Wie ist Jakobs Lebens-Geschichte?

Jakob, der Sohn des Isaak, ist der Zweitgeborene von Zwillingen. Damit hat er Pech gehabt. Denn sein kurz vor ihm geborener Zwillingsbruder Esau ist der Erstgeborene und damit auch der Erbe. Ihm wird alles zufallen. – Sie kennen die Geschichte aus dem Kindergottesdienst oder aus der Grundschule.

Jakob aber gibt sich mit seinen Geburtsbedingungen nicht zufrieden – er will nicht der Zweite sein. Er will nicht leer ausgehen. Und so erschleicht er sich das Erstgeburtsrecht.

Er betrügt seinen Bruder mit einem Teller Linsensuppe. Dem hungrigen Bruder bietet er sie an für den Preis des Erstgeburtsrechtes.

Der starke Jakob ist eine schillernde Persönlichkeit, eine listige Gestalt. Sein Vorteil ist ihm wichtig. Und er ist klug und handelt überlegt.

Nun, Jahre später, begegnet er seinem Leben, begegnet er sich in einer besonderen Weise. Die Jakobsgeschichte (1. Mose 30-34) zeigt, wie die Vergangenheit noch in die Gegenwart hineinwirken kann. Jakob war reich geworden, er hatte ja immer seinen Vorteil im Blick (1. Mose 27). Eines Tages holt ihn seine Vergangenheit ein. Sein Bruder Esau will das zurückbekommen, was ihm gehört. In dieser verzwickten, verzweifelten

Lage, begegnet Gott dem Jakob am Fluss Jabbok. In dieser Begegnung holt das Dunkle, das eigene Versagen seines Lebens ihn ein. In einer Nacht kämpft er am Fluss Jabbok um sein Leben. In dieser Nacht wird er angefallen. Er kämpft mit einer dunklen Macht. Sie scheint ihn zu überwältigen. Für Jakob ist es ein Kampf auf Leben und Tod. Im Nachhinein hat er den Eindruck, dass es Gott gewesen sein muss, mit dem er gekämpft hat. Hier ging es um sein ganzes Leben. Jakob ringt um alles.

Wie Sie gehört haben, lässt die dunkle Gestalt im Morgengrauen von Jakob ab. Jakob ertrotzt sich von ihr, dass er gesegnet wird. Und es bleibt noch etwas anderes zurück: Die Behinderung durch den Schlag auf die Hüfte. Jakob, der jetzt behindert ist, hinkt von nun an. So wie Jakob ringen wir Menschen oft – mit uns, mit der Welt, mit und um Gott. Ungeschoren, ungeschlagen geht man aus diesem Kampf nicht hervor. Da bleiben immer Wunden, Narben, Verletzungen übrig. Sie begleiten uns ein ganzes Leben lang.

Dieser Kampf mit der dunklen Macht, verändert Jakobs Beziehung zu Gott. Nach dem Kampf erlebt er sich als ein Geschlagener. Bisher war er auf der Siegerseite.

»Erst die radikale Infragestellung seines Lebenskonzepts ermöglicht es Jakob, seiner eigenen unbekannten Tiefe zu begegnen«, so sagt es Maria Kassel (vgl. Maria Kassel, Biblische Urbilder, S. 273 f., Verlag Pfeiffer, München 1980)

Dieser radikale Überlebenskampf bringt ihn näher zu sich selbst und zu Gott. Vor allem erfährt er, dass er ein Sieger bleibt, auch als Behinderter, auch als Geschlagener.

Geschlagen ist er im doppelten Sinne, auf die Hüfte gehauen ist er mit einer Behinderung für sein ganzes Leben geschlagen. Und dennoch: Er, der zum ersten Mal in seinem Leben nicht siegt, bleibt Sieger. Und das nicht aufgrund seiner Taten, sondern weil Gott ihn segnet. Jakob ringt um den Segen. Als Hinkender wird er zum Gesegneten Gottes.

Maria Kassel beschreibt Jakob so: »Jakob erscheint in der Versöhnungsszene nicht mehr als der Mensch mit der penetranten Selbstsicherheit, der Lebenserfolg für das Ganze des

Menschseins setzt. Er wirkt vielmehr geradezu demütig, als einer, der schmerzhaft an seine Grenzen gestoßen ist, der diese aber als Tor in die ihn umgreifende Dimension des Unbedingten, in die Dimension Gottes hinein erfahren hat.«

Nur durch diese radikale Infragestellung gewinnt er eine andere Sichtweise seines Lebens. Damit bekommt sein Leben eine andere Richtung. Jetzt erst ist es ihm möglich: Er versöhnt sich mit seinem Bruder Esau. Eine lang anstehende »Lebenshausaufgabe« ist damit erledigt. »Mit etwas geschlagen sein«, bedeutet also nicht, sich geschlagen geben zu müssen. Um »neu sehen« zu lernen, ist es notwendig, neue Erkenntnisse über das eigene Leben, evtl. ausgelöst durch Leiderfahrung, durch »(Rück-) Schläge«, zuzulassen. Jakobs neues Leben beginnt.

Gerade in einer Krise, in einer Krankheit oder im Leid kann Gott uns in besonderer Weise nahe sein. Oft erleben wir ihn dann wie Jakob, als eine dunkle Macht, die uns schlägt. Aber dieses Ringen mit und um Gott, bedeutet auch Annäherung an ihn. Wir kommen ihm, er kommt uns nahe: Der Versuch des Nahekommens – immer wieder.

Denn: Das Ringen um Gott, mit Gott ist kein leerer Akt der Verzweiflung. Jakob wird in dieser Nacht nicht nur geschlagen, er wird auch gesegnet. Aber er ist ein vom Kampf Gezeichneter, ein »Behinderter« geworden. Die Spuren des Kampfes bleiben – er ist ein stückweit reifer geworden. Jeder Versuch, Gott näher zu kommen, indem wir um ihn ringen, lässt uns reifen. Die Wunden und Verletzungen, die wir uns dabei zuziehen, sind Zeichen für unseren Weg mit Gott. Gott begegnet ihm in der Behinderung. Jakob erfährt, dass er auf Gott angewiesen ist. Allein kann er sein Leben nicht bewältigen, diese Erkenntnis führt zu Reifung und tieferer Erkenntnis seines Daseins.

Wir sind auf dem Weg mit Gott, wir suchen ihn, wir ringen um ihn – er segnet uns. – Das rettet unser Leben!

Jakob hat diese Nacht überstanden. Wie ein Geschenk wird er am Morgen sein Leben auch mit der Behinderung neu angenommen haben, denn er hat überlebt. Die Behinderung, die

Narben und die Verletzungen der Nacht sind da. Aber Jakob weiß, sein Leben ist gerettet. Diese Nacht, diesen entscheidenden Kampf hat er überstanden. In Jakobs gesegnetem Leben gibt es noch viele Kämpfe.

Lied: Komm in unsre stolze Welt (EG 428)

Vater unser

Andacht (Alternative)

Bibeltext: Johannes 12, 9-19

Eine skurrile, fast unwirkliche Szene spielt sich da ab. Eine jubelnde Menge; ein Mann, der auf einen wie zufällig anwesenden Esel steigt; feindlich gesinnte Pharisäer, die den Tod des Mannes auf dem Esel schon beschlossen haben; Jünger, die nichts verstehen.

Die Pharisäer, sie tuscheln miteinander; die Jünger stecken ratlos die Köpfe zusammen; die Menschenmenge schreit »Hosianna« – und der Mann auf dem Esel sagt nichts. Erst geht er zu Fuß, dann steigt er auf den Esel und reitet weiter, wortlos, schweigend.

Es ist nur eine kleine, zunächst unscheinbare Geste, dieses Besteigen des Esels. Müdigkeit oder gar Erschöpfung könnten ihn dazu verleitet haben, vielleicht auch nur Bequemlichkeit. Mit dem Ritt auf dem Esel wird aus dieser Wanderung von Betanien nach Jerusalem noch kein triumphaler Einzug, trotz der jubelnden Menschen, trotz der Palmenzweige. Ein siegreicher Feldherr hätte sich von einem Pferd tragen lassen – oder von Menschen.

Aber diese kleine, so zufällig wirkende Geste ist eine ganz bedeutungsvolle. Indem er auf den Esel steigt, erhebt Jesus einen ungeheuren Anspruch. Er ist der von den Propheten angekündigte Retter, der Friedenskönig auf einem Eselsfüllen, von dem der Prophet Sacharja sprach.

Die Jünger haben ihn nicht verstanden. Die, die ihm am nächsten standen, kamen nicht mit dem zurecht, was er machte. Seiner Gemeinde geht es heute oft nicht anders.

Umso hellsichtiger sind seine Feinde, deren Kreise er stört. Sie wissen um die Gefahr, die für sie von einem ausgeht, für den der Tod nicht das letzte Wort hat.

In ganz eigentümlicher Weise ist im Johannesevangelium der Einzug Jesu in Jerusalem verknüpft mit der Auferweckung des Lazarus. Nicht nur Jesus wollen die Menschen sehen, die gekommen sind. Auch Lazarus wollen sie sehen, den Mann, der tot war und der nun wieder lebt; Lazarus, den Ostermenschen.

Eigentümlich ist auch die kleine Bemerkung im Evangelium, dass die Pharisäer beschließen, auch den Lazarus zu töten, genau wie sie es kurz zuvor für Jesus beschlossen haben. Was macht diesen Auferstandenen so unangenehm, so gefährlich, dass er bald wieder von der Bildfläche verschwinden muss?

Lazarus, der Ostermensch, er macht deutlich, wer Jesus eigentlich ist. Jesus, das bedeutet Leben, neuer Anfang, Gerechtigkeit und Freiheit für die Unterdrückten. Jesus, das bedeutet, Gott bezieht deutlich Stellung – für die Machtlosen, für die Verachteten, für die Unwichtigen. Und nichts ist gefährlicher für die Mächtigen, als ein Machtloser, der vom Tod ins Leben zurückkommt. Nichts ist gefährlicher für die, die sich wichtig nehmen, als ein Unwichtiger, der plötzlich wieder auf der Bildfläche erscheint.

Auferstehung, das bedeutet nicht nur, dass da etwas passiert, was wir nicht verstehen können, was sich mit unserer Schulweisheit und dem Verstand eines Menschen des 21. Jahrhunderts nicht vereinbaren lässt. Auferstehung, das bedeutet, dass die Mächtigen nicht das letzte Wort haben, dass der Täter noch einmal seinem Opfer begegnen wird. Auferstehung, das ist nicht nur eine Torheit für den klaren Menschenverstand, das ist vor allem ein Ereignis, das die Mächtigen vom Thron stößt und die Benachteiligten auf den Sessel erhebt. Auferstehung bedeutet genau dies, was Maria sang, als sie von dem Kind erfuhr, das sie austragen durfte: »Er stürzt die Gewaltigen vom Thron und erhebt die Niedrigen.«

Deshalb gibt es nichts Schlimmeres als die Auferstehung für die, die das Recht beugen, die sich zugunsten anderer bereichern, die lügen oder gewalttätig sind, die morden oder ausbeuten. Denn Auferstehung, das bedeutet, seinen Opfern wieder zu begegnen, denen ins Gesicht sehen zu müssen, auf deren Kosten man gelebt und denen man so viel Leid zugefügt hat.

Deshalb wird die Auferstehung wie ein Gericht sein, bei dem man der Wahrheit ins Auge sehen muss. Ein Gericht, bei dem niemand von uns gute Karten hat – aber ein Gericht, bei dem man auf das Erbarmen dessen vertrauen kann, durch den diese Auferstehung geschehen wird.

Und auf diese Auferstehung reitet Jesus zu. Deshalb ist dieser Ritt auf dem Esel letztlich nicht der Ritt zur Folter der Kreuzigung, sondern der Ritt zur Auferstehung. Und diese Auferstehung war das Schlimmste, das seinen Gegnern passieren konnte. Sie hatten gehofft, ihn los zu sein – aber sie sind ihn bis heute nicht losgeworden.

LIED: Gelobt sei Gott im höchsten Thron (EG 103)

Vater unser

4. Austausch

Kaffeetrinken; Gespräch; Austausch (vgl. S. 12 f.)

5. Aktion/Anregungen

Lied: Korn, das in die Erde, in den Tod versinkt (EG 98)

Der Ablauf des weiteren Nachmittags wird vorgestellt:

Der Text des Liedes hat uns in den Nachmittag eingestimmt. Ein Bild für Auferstehung ist das Samenkorn. Es ist wie tot, kann so Jahre überleben. In die Erde gelegt, stirbt es zu neuem Leben. Wie können wir diesem Phänomen nachspüren, wie Ostern für uns erfassen?

Impuls:
Meditation:

Ich nehme ein Weizenkorn in die Hand. Es liegt da in meiner Handschale, klein, unscheinbar, hart und wie tot. Dass in diesem Korn Leben steckt?! Dass das etwas anderes in sich birgt als nur Härte? Wenn man es mahlt, kommt Mehl heraus. Dann gibt es Spelzen und weißes Mehl. Das ist auch schon etwas!

Wenn ich mich nun ganz in dieses Weizenkorn hineinversetze, dann verbirgt sich innen Lebendigkeit, ein Lebensimpuls, ein Lebenskeim, der aber nicht heraus kann, wenn es »normal« zugeht. Wenn kein Druck von außen kommt, wenn nicht diese Kräfte von Wasser, Fäulnis, also Zerstörung, an mir wirken, dann kann nicht heraus, was an Leben in mir steckt.

Aber wehe, wenn ich hinunter in die Erde muss. Da wird es ganz dunkel, einsam und kalt. Keine schöne Umgebung. Nasskalt, ungemütlich, und ein schrecklicher Prozess beginnt: aufgequollen werde ich, meine Schale platzt: ungemütlich ist es hier, niemals hätte ich mir gewünscht, hier sein zu müssen. Meine schöne Haut, meine Fassade, mein Image nach außen – alles wird aufgeweicht und zerstört. Aufgeweicht durch Nässe, durch die Fluten der Tränen vielleicht, aufgeweicht meine Seele, mein Inneres.

Dass hier in dieser Dunkelheit, in der Tiefe, wo ich nicht nur am Boden bin, sondern unter dem Boden bin, dass hier

Leben entstehen soll, ist unfassbar. Jetzt wird doch nur gestorben. Das ist das Allerletzte, meine letzte Stunde hat geschlagen. Ich fühle, wie ich immer weicher werde, aufgedunsen, wie irgendwann auch meine Haut rissig wird und springt. Das ist das Ende. Ich merke, wie sich etwas in mir regt, weiter wird, und wie der Raum viel zu klein wird.

Ich sträube mich, ich widerstehe dem Sterbensprozess, ich wehre mich dagegen aufzugeben, mich aufzugeben, mich fallen zu lassen, mich wirklich dem Boden zu überlassen, nichts mehr tun zu können, ausgeliefert zu sein. Aber ohne dies alles wird kein Leben entstehen, gibt es keine Wandlung, keinen Veränderungsprozess. Leben entsteht nur durch Wandlung. Ich muss also aufgeben, damit Neues entsteht.

Und nun geschieht etwas Überraschendes: Als Erstes entsteht ein Keim nach unten. Es beginnt also nicht nur tief in der Erde, sondern auch noch mit der Richtung nach unten. Zuerst ist Verwurzeln dran. Die Wurzeln sind wichtiger als alles andere. Ich muss erst nach unten wachsen und mich in der Erde verankern, bevor ich nach oben wachsen und vielleicht einmal auch das Licht erreichen kann. Darum beginnt das Keimen eines Samens mit dem Treiben eines Sprosses nach unten, noch tiefer hinein, noch tiefer hinunter. Als ob ich nicht schon tief genug drunten wäre.

In dieser Tiefe entsteht ein Keim – einer nach unten und einer nach oben. Beide Richtungen sind wichtig! Aber damit ist noch nichts gewonnen. Der Keim hat es unendlich schwer. Er muss unglaubliche Kraft entwickeln, um gegen das Erdreich anzukommen. Endlich ein Lebenskeim, doch sofort sind die Gegner auch da: das harte, unbarmherzige, widerstrebende und Widerstand leistende Erdreich. Welche Kraft es kostet, sich dagegen aufzulehnen, anzustemmen, anzuwachsen.

Die Kraft der sanften Gewalt lässt mich langsam nach oben kommen, Bruchteile von Millimetern, immer noch vom Dunkel umhüllt, oben ahnt keiner, dass hier Leben sein könnte. Und um mich her ist noch alles dunkel. Und unter mir fault das Korn, das früher meine Heimat war, weiter.

Dass wachsen so schwer ist: Kaum merklich geht es voran. Oft habe ich den Eindruck, als ginge gar nichts weiter. Und immer noch ist es dunkel. Erst irgendwann ein Schimmer von Licht. Da kann ich aufatmen, jetzt wird es leichter. Ein Trieb dringt durch die Erdkruste, durch die obersten Krumen hindurch nach oben, zur Sonne, zur Luft, zum Licht!

Aber das Wachsen bleibt langsam. Oft ist mir das Tempo zu langsam. Und die Schwierigkeiten hören nicht auf: Da oben ist es manchmal kalt, manchmal fürchterlich heiß, der Wind treibt mich umeinander, schüttelt und rüttelt mich und setzt mir zu. Es ist auch gefährlich: Tiere kommen, treten auf mich, zupfen an mir, Menschen oder Wagen fahren über mich hinweg, oder Tiere, Vögel picken, Rehe äsen. Aber selbst, wenn etwas abgefressen ist, wachse ich trotzdem weiter, dem Himmel entgegen.

Ich werde immer fester, immer stabiler, bekomme einen Halm und Knotenstellen, die meine Stabilisierungspunkte sind. So etwas brauche ich unbedingt. Ich muss beweglich und fest zugleich sein. Klingt gegensätzlich, aber zum Überleben ist beides notwendig! Flexibilität und Stabilität, Wandel und Festigkeit.

Und so werde ich größer, höher, fange an zu blühen und muss wieder warten, dass mir etwas geschieht: Befruchtung durch den Wind, den ich nicht machen kann, dem ich nicht befehlen kann, der nicht meinem Einfluss unterliegt. Wie nichts meinem Einfluss unterliegt an diesem ganzen Wachstumsprozess!

Und all das kann auch immer misslingen. Wenn es zur falschen Zeit regnet, wenn zu viel Flaute und Windstille herrscht, wenn die große Trockenheit kommt, wenn die Sonne, die ich sonst verehre, so ersehnt, so angebetet habe, zu andauernd und intensiv herabbrennt, dann wird sie, die mir Freund war, zu meinem Feind. So ist das mit allem im Leben: Es kann mir, was ich dauernd wünsche, auch gleich zuviel werden. Es kann all das, ohne das ich nicht leben wollte, auch zum Feind meines Lebens werden.

Und doch kann gelingen, dass Befruchtung, dass weitere Reifung in meiner Ähre geschieht und sich Körner bilden. Und am Ende bin ich zwar nicht mehr das Korn, das ich einst im Ausgang war. Das Korn gibt es nicht mehr. Mich, der ich war, wie ich war, gibt es nicht mehr. Aber dafür gibt es viele neue Körner. So wie ich eines gewesen bin. Und bei denen kann der ganze Prozess von neuem beginnen.
(aus: H. G. Behringer, Die Heilkraft der Feste. Der Jahreskreis als Lebenshilfe, München 2000)

IMPULS:
Zum Abschluss des Nachmittags werden wir das Lied »Weizenkörner, Trauben« (siehe Materialteil S. 138) gemeinsam sprechen und singen. Wir teilen uns dazu in zwei Gruppen. Die erste Gruppe ruft der zweiten den ersten Teil des Verses zu. Die zweite Gruppe antwortet mit dem zweiten Versteil. Gruppe eins spricht dann den dritten Versteil, die zweite Gruppe den vierten Versteil usw. In dieser Art und Weise sprechen wir alle Verse durch. Von der normalen Lautstärke am Anfang werden wir in beiden Gruppen bis zum Ende des Liedes immer lauter. Danach lesen wir das Lied noch einmal in den verteilten Rollen. Diesmal fangen wir ganz laut an und werden bis zur letzten Strophe immer leiser, bis zum Flüstern. Danach singen wir das Lied.

Auf diese Weise wird der Liedertext stärker angeeignet. Wir werden ganz laut, reiben uns auf, wie das Lied sagt, und werden ganz leise, bereit, wie das Lied sagt, für das Fest.

Weizenkörner, Trauben

1. Gruppe:

1. Weizenkörner, Trauben, hört von unserm
2. Weizenkörner, Trauben, hört von unserm
3. Weizenkörner, Trauben, hört von unserm

2. Gruppe:

1. Glauben: wer nicht aufgerieben wird,
2. Glauben: wer nicht in die Mühle fällt,
3. Glauben: wer nicht in die Kelter fällt,

1. Gruppe:

1. wer sich das erspart, der bleibt
2. leidet keine Not, wird kein
3. wird auch nicht gepresst, für das

2. Gruppe:

1. hart, der bleibt hart, der bleibt hart.
2. Brot, wird kein Brot, wird kein
3. Fest, für das Fest, für das

1. Gruppe:

1. hart, der bleibt hart.
2. Brot, wird kein Brot.
3. Fest, für das Fest.

Text: Wilhelm Willms. Musik: Oskar Gottlieb Blarr; aus: Exodus, 1979.

6. Abschied

Tipps und Hinweise; Wochenpsalm; Lied (s. S. 13 f.)

Mai
Das Alter ist wie ein Balkon

1. Ankommen

Nach dem Begrüßungsteil wird das Thema des Tages eingeführt:

Wie kann man das eigene Alter gestalten? Welche Aufgaben warten auf einen? Wird man sie erfüllen können? Bedeutet Alter nur Einschränkung oder kann ich das Leben als ein befriedigendes und reiches auch im Alter verstehen? Kann Altern den Blick schärfen und den Horizont erweitern? Das sind einige Fragen, um die es heute Nachmittag gehen wird.

LIED: Ins Wasser fällt ein Stein (EG Pfalz/Baden 648; EG Württ. 637)

2. Anfangen

Abkündigungen; Gebet (vgl. S. 11 f.)

3. Andacht

Bibeltext: Lukas 2, 22-40

Wie oft passiert es im Alltag, dass man Menschen begegnet, die man lange nicht gesehen hat. »Guten Tag, Frau …«, ja, der

Name ist weg, das Gedächtnis lässt einen im Stich. Viele haben den Eindruck, dass diese und andere Gedächtnislücken mit zunehmendem Alter größer werden. Lassen uns mit dem Älterwerden immer mehr Fähigkeiten im Stich?

Wir haben gelernt, solche Erinnerungsschwächen als Defizit anzusehen. Alles, was mit Alter verbunden ist, ist negativ besetzt. Eine Ursache dafür ist die Bewertung des Alters. Es wird gemessen an Werten wie Jugendlichkeit und Leistungsfähigkeit. Alt sein gilt als etwas, was man leider nicht vermeiden kann. Diese Sicht des Alterns ist in der Gesellschaft weit verbreitet, fast jeder sieht das so. Wenn ein Mensch immer wieder einmal etwas vergisst oder wenn er langsamer zu Fuß ist, wird dies auf den ganzen Menschen übertragen. Man hält ihn für vergesslich und insgesamt für langsam. So hat man ein bestimmtes Bild von einem Menschen, das der alte Mensch dann oft selbst übernimmt. Er hält sich dann auch für langsam und vergesslich.

Allgemein ist das Ansehen »langlebiger Artikel« in unserer »Wegwerfgesellschaft« gering. Diese Einschätzung wird auch auf das Altern, auf alte Menschen übertragen. Ein Bonner Arzt, der Neurophysiologe Detlef Linke, versteht die Veränderungen im Alter positiv. Sie werden von ihm nicht als Abbauprozesse verstanden. Er sieht in ihnen Bündelungs- und Zuspitzungsprozesse, die das Einmalige der Person im Alter in besonderer Weise zum Tragen kommen lassen. Alterungsvorgänge werden demnach als Zuspitzung auf den Wesenskern verstanden. Es geht nun nicht mehr um die Abrufbarkeit einer Fülle von Fähigkeiten und Fertigkeiten, sondern um eine Bündelung der der Person eigen gewordenen Möglichkeiten, um die im guten Sinn mögliche Vereinheitlichung des Menschen, die sich dann auch in der spezifischen Hirnentwicklung im Alter zeigt. Der Maler Kandinsky, der als Vater der abstrakten Kunst gilt, hat die Fähigkeit abstrakt zu arbeiten als ein Produkt seiner Alterungsprozesse erlebt, die ihn zwangen, sich auf das Wesentliche zu konzentrieren und das darzustellen.

Dass so viele Menschen so alt wie heute werden, gab es in der ganzen Menschheitsgeschichte noch nicht. Es ist ein Phänomen unseres Jahrhunderts. Deshalb ist es notwendig, sich mit den Begleiterscheinungen des Alters zu beschäftigen, sie ernst zu nehmen und zu verstehen. Nur so kann die Aufgabe, die vor uns allen liegt, erfüllt werden. Unsere und die kommenden Generationen haben dafür zu sorgen, dass das Alter gut gelebt werden kann, dass unsere Gesellschaft und die Arbeit in der Kirche und in unserer Gemeinde altersgerecht gestaltet werden. Dabei gilt es, nicht aus dem Blick zu verlieren, dass die Erfahrungen und die Erkenntnisse älterer Menschen für die Welt unabdingbar wichtig sind.

Zwei alte Menschen, sie heißen Hanna und Simeon, spielen eine wichtige Rolle in der Kindheitsgeschichte Jesu. Von ihnen wird am Anfang des Lukasevangeliums berichtet. Sie werden uns immer wieder daran erinnern, was Gott mit alten Menschen vorhat, denn die älteren Menschen sind Gottes Ebenbilder. Gott offenbart sich in diesem Bibeltext, zugespitzt formuliert, als ein Gott der Alten. Hanna und Simeon sind tagtäglich am Tempel, sie beten. Doch das bleibt nicht ihre einzige Aufgabe. Sie sind alt, aber sie sehen über das mit den Augen Sichtbare hinaus. »Das Alter ist für mich kein Kerker, sondern ein Balkon, von dem man zugleich weiter und genauer sieht.« So formulierte Marie Luise Kaschnitz ihre Alterserfahrung. Das Alter ist für mich kein Kerker, sondern ein Balkon, von dem man zugleich weiter und genauer sieht. Hanna und Simeon, sie sehen anders, sie sehen das Wesentliche.

Am Anfang des Lukas-Evangeliums (Lukas 2,22 ff.) wird von diesen zwei alten Menschen berichtet. Von beiden wird gesagt, dass sie sich in der Nähe des Tempels aufhalten. Simeon wird als gottesfürchtiger Mann beschrieben, auf dem der Geist Gottes ruht (Vers 25). Er wartet auf den Trost Israels. Durch den heiligen Geist weiß er, dass er nicht sterben wird, bevor er den, den er erwartet, gesehen hat (Vers 26).

Hanna wird als hochbetagte Prophetin bezeichnet, deren Lebensinhalt der Dienst an Gott war. Sie ist eine Tochter Phanuels, aus dem Stamm Asser. Über diesen Stamm sprach Mose folgenden Segen: »Von Eisen und Erz sei der Riegel deiner Tore; dein Alter sei wie deine Jugend!« (5. Mose 33,25b). Der Schluss liegt nahe, dass es kein Zufall ist, dass Hanna aus dem Stamm Asser stammt. Scheinbar zeichnet dieser Stamm sich dadurch aus, dass seine Alten in besonderer Weise von Gott befähigt werden, zukunftsweisende Aufgaben zu erfüllen.

Das Alter der Hanna ist unbekannt, man kann lediglich schätzen. Manche vermuten, dass sie 84 Jahre alt war, ein sehr hohes Alter für die damalige Zeit. Beide alte Menschen nehmen die Aufgabe wahr, den Eltern und der Öffentlichkeit im Umfeld des Tempels die Sendung und Bestimmung des neugeborenen Kindes Jesus zu bezeugen. Beide sind sie mit dem Geist Gottes gesegnet. Ihre Fähigkeiten, weiter zu sehen als andere, sind ihnen nicht zu ihrem eigenen Nutzen, sondern zur Erfüllung von Gottes Auftrag gegeben. Ihre ihnen zugedachte Aufgabe ist es, ihre Fähigkeiten für andere einzusetzen – gerade auch in ihrem Alter. So sind sie dazu bestimmt, Christus vor der Welt zu bekennen, das latente Wissen Marias zu bestätigen (Lukas 2,19). Jesu Eltern wundern sich über die Aussage von Simeon und Hanna. Diese verstehen Jesus als den Heiland, bezeichnen ihn auch so, und Simeon prophezeit, dass sich an ihm die Geister scheiden werden (Lukas 2,33 f.). Aus dem Dasein der beiden Alten, die in der Nähe des Tempels im Gebet, in Offenheit also zur Transzendenz leben, ist ein neuer Bezug zu Gott erwachsen. Sie reden prophetisch deutend, vom Geist Gottes begabt. Ihre Fähigkeit, weiter zu sehen, formt sich in Worte, die wegweisend sind für andere. Sie sind es, die die Ereignisse der Zeit deuten und den Heiland vor der Welt bezeugen (Lukas 2,38).

Die Gabe der Prophetie, die sich an diesen beiden Alten zeigt, speist sich unter anderem aus der Möglichkeit gerade auch alter Menschen, Visionen und Träume zu haben (Joel 3,1-3). Alte und Junge, Frauen und Männer werden bei dieser rückhaltlosen Selbstoffenbarung Gottes gleichgestellt. Visionen, prophetische Fähigkeiten und Träume werden dem Menschen als Gabe Gottes zuteil, die Träume aber werden besonders den alten Menschen zugeordnet. Von Gott gegeben beziehen sie sich, ähnlich den Visionen, auf das Entwerfen von Zukunft. Diejenigen, die selbst nur noch wenig irdische Zukunft vor sich haben, haben Träume und Visionen für eine Zukunft der Jungen, die der Geist Gottes in ihnen wirkt. So weist die in den alten Menschen angebrochene Freiheit und Unabhängigkeit über ihre eigene Zukunft hinaus auf die den Tod übergreifende Zukunft Gottes mit den Menschen.

Maria und Joseph bringen Jesus zum Tempel. Hanna und Simeon, sie erkennen Jesus als den Heiland der Welt. Es bleibt nicht nur dabei, dass diese beiden Menschen diese Tatsache erkennen und es damit gut sein lassen. Sie sind vom Heiligen Geist erfüllt, sie sind Propheten, sie haben den Auftrag, das, was sie erkannt haben, weiterzusagen. Und so verkünden sie es der Öffentlichkeit am Tempel: das ist Jesus, der Heiland. Er wird das Licht der Völker sein. Aber an ihm werden sich auch Geister scheiden. Hanna und Simeon, zwei alte Menschen, sie sehen anders, weiter und genauer.

Und doch: Hanna und Simeon sind Menschen, die der Welt noch nicht enthoben sind. Die Einschränkungen des Alters plagen sie. Diese Welt hat sie nicht mehr vollständig in den Krallen. Sie schauen schon ein wenig weiter, hin zu Gottes Welt.

Nun, sicher haben nicht alle Menschen von Gott den Auftrag wie Hanna und Simeon, den Heiland der Welt zu erkennen und ihn öffentlich vor der Welt zu proklamieren. Ja, und trotzdem haben alte Menschen in unserer Zeit viele Aufgaben. Allein dadurch schon, dass sie die lebendigen Wurzeln unserer Gegenwart sind. Von ihnen können wir vielleicht kein Computerwissen erfragen, aber Antworten über Leben und Tod können sie uns geben.

In der Bibel wird das Alter durchaus kritisch gesehen, die Sehkraft der Augen, das Hörvermögen der Ohren und die Beweglichkeit der Beine lassen nach, Alter wird oft als Last bezeichnet. Genauso aber ist davon die Rede, dass Alte wie die

Jungen sind, dass »wenn sie alt sind, sie dennoch blühen«. Das Alter kann eine gute Zeit sein, eine besondere, weil man sich Zeit für Gott nimmt. Eine ältere, schwer MS-kranke Frau, die ich vor Jahren begleitet habe, sagte mir kurz vor ihrem Sterben, als sie nichts mehr tun konnte, dass sie unter diesem Zustand nicht leiden würde. Denn sie hätte eine wichtige Aufgabe: Solange sie könne, würde sie für die Welt und die Menschen beten. Das war ihre Aufgabe bis zu ihrem Tod – die sie auch erfüllt hat.

Jeder Mensch hat Lebensaufgaben bis zum Tod. Vielleicht kann man sie dann entdecken, wenn man das Alter so wie Marie Luise Kaschnitz versteht. Für sie bedeutet Alter nicht Ende, vielmehr vergleicht sie das Alter mit einem Balkon, von dem aus man weiter und genauer sieht. So lassen sich die vielleicht klein erscheinenden, aber wichtigen Lebensaufgaben erkennen.

Lied: Hilf, Herr meines Lebens (EG 419)

Vater unser

4. Austausch

Kaffeetrinken; Gespräch; Austausch (vgl. S. 12 f.)

5. Aktion/Anregungen

Lied: Wie lieblich ist der Maien (EG 501)

Der Ablauf des weiteren Nachmittags wird vorgestellt:

Im Alter sind die Aufgaben, die das Leben für den Menschen bereithält, andere als in jungen Jahren. Sicher ist aber, dass jeder Mensch bis zum Tod Lebensaufgaben hat. Das hat das Beispiel der MS-kranken Frau in der Andacht gezeigt. Nur sieht man manchmal gerade nicht, was das Leben von einem will. Vielleicht entdecken Sie heute Nachmittag mit anderen zusammen die »Lebenshausaufgaben«, die für Sie noch zu erledigen sind.

Zusatzinformation:
Bei Bedarf können folgende Informationen gegeben werden: Heute werden viele Menschen sehr alt. Das Alter ist in unserer Zeit ein eigenständiger Lebensabschnitt des Menschen geworden. Meist endet im Alter von Anfang bis Mitte 60 die Berufstätigkeit, der Mensch tritt in ein »neues Lebensalter« ein, ins Altern. Zu diesem Zeitpunkt liegen noch circa 30 Jahre vor ihm, 2/3 des Lebens sind gestaltet worden durch Schule, Ausbildung und Berufstätigkeit, das nächste Drittel gilt es selbst zu gestalten. Dieser neue Lebensabschnitt hat unterschiedliche Phasen. Die »jungen Alten« (d.h. diejenigen zwischen 60 und 69) begegnen uns auf Schritt und Tritt, sie sind in ihrem Unruhezustand ständig ausgebucht. Im Jahr 2030 sollen 23% der Bevölkerung über 65 Jahre alt sein. Vom »alten Menschen« spricht man bei einem Alter zwischen 70 und 74. Oft werden die Menschen, die älter als 75 Jahre sind, schon zu den Hochbetagten gerechnet.

Dass so viele Menschen heute so alt werden, ist möglich aufgrund der Verbesserung der Altersmedizin und durch die verbesserten hygienischen Bedingungen, aber auch die Ernährung, die wesentlich hochwertiger geworden ist, spielt dabei eine große Rolle. Dieses Phänomen, dass die Menschen so alt werden wie noch nie, hat zwei Seiten. Im jungen Alter sind viele Menschen zufrieden und ausgefüllt. Und es gibt auch viele glückliche Hochbetagte – aber es gibt auch viele Menschen, die über lange Zeit leiden oder gepflegt werden müssen. Sie leben möglicherweise in einer unbefriedigenden Situation, dann wird Alter zur Last.

Arbeitsauftrag:
Es ist Mai, die Blumen blühen voller Pracht. Ich habe Ihnen Papierblüten mitgebracht (Kopiervorlage siehe Materialteil S. 139), die wir zum Blühen bringen wollen. Nehmen Sie sich bitte ein Blatt mit Blütenform und schneiden sie die Blüte aus. Bitte schreiben Sie in die Blüte, was Sie vielleicht neu in sich »blühen« lassen wollen. Also beispielsweise, wo Sie für sich eine Aufgabe sehen, die Ihnen bisher verborgen war. Sie brauchen die Blüten aber auch nicht zu beschriften. Sie können die Blüten beispielsweise auch farbig gestalten.

Bitte knicken Sie dann die Blütenblätter an der gestrichelten Linie. Jetzt klappen Sie die Blätter wieder auf, aber nur so weit, dass lediglich die Blütenmitte auf dem Tisch aufliegt. Wenn Sie damit fertig sind, legen wir die Blüten in eine Wasserschüssel. Wichtig dabei ist, dass nur die Blütenmitte das Wasser berührt. Und nun werden Sie sehen, wie Blumen zu blühen beginnen.

Wenn die Blütenform auf das Wasser gelegt wird, gehen die Blütenblätter nach oben und schließen sich um den Mittelpunkt herum.

Impuls:
Das Rilke-Gedicht (siehe Materialteil S. 140) wird vorgelesen und ist auf Overhead-Folie zu lesen oder wird als Kopie für alle ausgeteilt. Spontane Äußerungen werden im Plenum ausgetauscht.

6. Abschied

Tipps und Hinweise; Wochenpsalm; Lied (s. S. 13f.)

Juni

Wenn et bädde sich lohne dät

I. Ankommen

Das Thema des Tages wird eingeführt:

»Wenn et bädde sich lohne dät«, so singt die moderne Gruppe BAP, dann würde es wohl jeder tun. Mit dem Beten ist das so eine Sache: es scheint zu verschwinden – und wird doch überraschend oft praktiziert. Die Menschen von heute suchen nach Kontakt und Kommunikation mit dem Unsichtbaren, mit Gott. Esoterische Praktiken oder Extremsportarten verschaffen Menschen Grenzerfahrungen, die quasireligiöse Dimensionen haben.

Bestsellerautor Nicholas Sparks lässt in seinem Roman »Wie ein einziger Tag« seinen Protagonisten Noah sagen: »Ich habe immer an Gott geglaubt, an Gott und an die Macht des Gebetes, obwohl mein Glaube, wenn ich ehrlich bin, eine Reihe von Fragen hat aufkommen lassen, die ich gerne beantwortet hätte, wenn ich einmal gegangen bin.«

Eine ambivalente Haltung Gott und dem Gebet gegenüber wird deutlich. Sie zeigt sich in der Suche nach Gott und der Kritik an und der Ablehnung von Gott.

Mit dem Beten und der Frage, welche Bedeutung das Gebet in unserem Leben haben kann, beschäftigen wir uns heute.

Lied: Ich ruf zu dir, Herr Jesu Christ (EG 343)
Herr Gott, dich loben wir (EG Pfalz / Baden 623)
Wenn die Last der Welt dir zu schaffen macht, hört er dein Gebet (EG Pfalz / Baden 645; EG Württ. 618)

2. Anfangen

Abkündigungen; Gebet (vgl. S. 11 f.)

3. Andacht

Was ist eigentlich ein Gebet? Sind es festgefügte Verse oder kann es auch frei gesprochen werden? Spreche ich, höre ich oder antworte ich beim Beten? Oder verstellen die vielen Fragen den Weg zum Beten?

Im Lukasevangelium lesen wir: »Und ich sage euch auch: Bittet, so wird euch gegeben; suchet, so werdet ihr finden; klopfet an, so wird euch aufgetan. Denn wer da bittet, der empfängt; und wer da sucht, der findet; und wer da anklopft, dem wird aufgetan.« (Lukas 11, 9-10)

Das ermutigt: Bittet, betet, sucht. Nur, wie soll das gehen? Still werden, meditieren, die Gedanken an sich vorbeiziehen zu lassen, alles, was wir am Tag erlebt haben, in Gottes Hände zurückgeben, das kann ein Gebet sein, ein wichtiges Gebet. Wir haben diesen Tag losgelassen. Wenn wir den Tag und alles, was gewesen ist, loslassen können, ist schon sehr viel in und mit unserem Leben geschehen. Wir sind frei geworden. Das Gebet hilft, uns selbst zu finden, damit wir gesammelt leben können.

Was tun wir beim Beten?

Man kann das Beten mit dem Tun eines Ballonfahrers vergleichen. Er will an Höhe gewinnen, dazu muss er Ballast abwerfen. Und genau das können wir im Gebet tun: Ballast abwerfen! Alles loslassen, alle Bilder, alle Gedanken, alles, was uns heute geschehen ist, vorbeiziehen lassen. Loslassen, abgeben, zu Gott hin. Dann werden wir frei. Die Gedanken, die Erlebnisse von gestern können unseren Geist nun nicht mehr besetzen, so wie sie das bis eben getan haben. Aber Ballast abwerfen ist nicht alles – wenn wir frei geworden sind, können wir Gott danken. Ihm danken für den heutigen Tag und seine Begleitung.

Eine Geschichte erzählt, wie ein junger Mann zu einem alten Weisen kam. Er beklagte sich, dass er immer wieder aufrichtig beten würde, aber nichts würde er spüren, nichts würde sich in seinem Leben verändern. Der Weise sprach zu ihm: »Nimm dieses Sieb und gehe zum Fluss und hole Wasser!« Und das tat der junge Mann. Und er kam zurück und in dem Sieb war kein Wasser. Ein zweites Mal schickte der alte Weise diesen jungen Mann Wasser holen. Er ging wieder hin und holte Wasser und wie er zurückkam, war kein Wasser darin. Ein drittes Mal tat der junge Mann dies auf Geheiß des Alten. Und der alte Weise sprach zum jungen Mann: »Dies ist ein Sinnbild für dein Gebet. In dem Korb ist kein Wasser drin, aber der Korb ist sauber geworden.«

Das Gebet verändert – vor allem uns! Ich denke, dass es vielen von uns auch so geht. Wir beten, wir wollen beten, wir suchen nach Gott, aber wir spüren vielleicht nicht, dass sich in unserem Leben etwas ändert. Nichts Handfestes jedenfalls. Wenn das so ist, müssen wir uns fragen, ob das nicht der falsche Anspruch an ein Gebet ist. Das Gebet soll dann wie ein Medikament wirken. Gleich etwas sehen oder spüren zu wollen, ist die falsche Erwartung. Deshalb finde ich die Geschichte vom Sieb so schön. Das Sieb ist gereinigt worden. Ich denke, ein Gebet löst in uns etwas aus. Ein Gebet verändert uns auch dann, wenn wir es nicht merken. Zum Beispiel reinigt es, wie die Geschichte zeigt. Das merken wir nicht unbedingt sofort.

Das Gebet befreit von Egozentrik, das Gebet hilft, uns selbst zu finden. Im Gebet kann ich auch das eigene Ich zurücktreten lassen. Ich kann mir deutlich machen, dass fast alles, was geschieht, nicht von mir selbst gemacht wird. Vieles auf der Welt gibt es ohne mich. Es schneit, es stürmt, es ist hell, es ist freundlich, es duftet, all das passiert ohne mein Zutun.

Ein neuernannter Bischof beklagte sich in der ihm von Papst Johannes XXIII. erstmals gewährten Privataudienz, dass die neue Bürde ihn nicht mehr schlafen lasse. »Oh«, machte Johannes in mitleidsvollem Tone, »mir ging es in den ersten Wochen meines Pontifikats genauso, aber dann sah ich einmal im Wachtraum meinen Schutzengel, der mir zuraunte: Johannes, nimm dich nicht so wichtig. Seitdem schlafe ich wieder.«

Beim Beten werde ich still und lasse das eigene Ich zurücktreten. Allein still werden, vor Gott still sein, Ruhe empfinden, alles sein lassen, das ist ein Gebet, ein Gebet auch ohne Worte. Aber es ist auch sehr schön, wenn ich alles, was mich bedrückt, was mir Sorgen macht, in Worte fassen kann, es Gott einfach vortragen kann. Ein Gebet ist eigentlich alles, alles, was wir im Leben erleben oder tun, unser ganzes Leben ist Gebet.

Und trotzdem gibt es Tage und Stunden, in denen man sich nicht vor Gott in Ruhe sammeln kann. Dann brauchen wir Hilfen, Gebetshilfen. Was kann das sein? Ich denke, das »Vater unser« ist die stärkste Gebetshilfe, die es gibt. Wenn wir gar nicht weiterwissen, können wir uns an diesen Worten festhalten. Sie führen uns, wiederholt gesprochen, den Weg zu Gott, auch wenn wir denken, dass der Weg zu ihm für uns versperrt oder nicht mehr da ist. Dieses Gebet umfasst alles. In ihm ist alles ausgesagt. An jedem Wort kann ich mich da festhalten.

Beten trägt über die letzte Schwelle. Wie sehr uns gute, festgefügte Worte tragen können, beschreibt Johannes Gillhoff in »Jürnjakob Swehn« (J. Gillhoff, Jürnjakob Swehn der Amerikafahrer, Berlin 1971, S. 141-143):

Vom Tod seiner Mutter berichtet er: »Und ich las weiter bis zum Schluss: Sie gehen hin und weinen und tragen edlen Samen und kommen mit Freuden – ›mit Freuden, Mutter!‹ – und bringen ihre Garben. – ›Ich hab man keine Garben, wenn ich ankomme.‹ Ja – Ja, Mutter, wenn's danach geht, dann kommen wir alle nackt an und haben nichts in der Hand. Sie schwieg eine Weile. Dann sagte sie: ›Nimm das Gesangbuch und lies: Christus, der ist mein Leben.‹ So las ich den Gesang, und sie hatte die Hände gefaltet und leise mitgesprochen, und als ich zu Ende war, da sagte sie: ›Das hat unser Lehrer auch mit den Schülern gesungen, als Jim-Jochen gestorben ist.‹ Dann sagte sie nochmals was. Sie sagte: ›Ich will, dass ich im Himmel wäre.‹ ›Wie ist der Tod so lang.‹ Dann betete sie unser altes Kindergebet: Hilf Gott, alle Zeiten, mach mich bereit, zur ewgen Freud und Seligkeit. Amen. Als sie das Amen gesagt hatte, da drehte sie den Kopf so'n bisschen nach links rum, als wenn da wer gekommen wäre. Und da ist auch Einer gekommen, den hab ich nicht mit meinen Augen gesehen und nicht mit meinen Ohren gehört. Der hat sie bei der Hand genommen, und da ist ihre Seele ganz leise mitgegangen, richtig so, als wenn aus einer Stube in die andere gegangen wird. So ist sie nach Hause gegangen, als wenn ein müdes Kind abends nach Hause geht. Und nun ist sie nicht mehr in einem fremden Land.«

So beschreibt Johannes Gillhoff den Tod seiner Mutter. Die Last des Todes empfindet sie. Es dauert lang und sie will nicht mehr. Aber der Vers des Gesangbuches und das Kindergebet sind ihr sehr nahe, an diesen Worten kann sie sich festhalten. So kann sie Amen sagen, ›so sei es‹. So kann sie den Tod annehmen, ihr Leben loslassen und sterben. Ein friedliches und gutes Sterben, geborgen in den Worten des alten Gebetes.

Beten verändert die Betenden. Denn beim Beten wächst der Mensch meistens unmerklich. Um das zu verstehen, muss man einhalten, nach hinten schauen, was da gewachsen ist. Ernte wird nicht gemacht, Ertrag nicht erzeugt, es wächst einfach. Beten verändert die Betenden. Auf alten Reliefs kann man manchmal Abbildungen von Menschen sehen, hinter deren Rücken ein Zweig wächst oder ein Baum steht. Das ist die Ernte, die im Rücken wächst. Das, was wir nicht sehen. Das ist aber das, was viel größer ist als das auf den ersten Blick Sichtbare. Meine Ernte ist also nicht, was ich meinen Kindern alles an Materiellem vererben kann, sondern was aus meinem Leben, auf dem Weg mit Gott in meiner Zeit aus mir geworden ist. Nur mich selbst werde ich mitnehmen auf dem letzten Weg. Eben das aber ist es, was ich selbst geworden bin, das kann ich nicht sehen, es wächst hinter meinem Rücken.

Unser ganzes Leben ist ein Gebet. Ist das nicht zu einfach? Nein, dann nicht, wenn wir unser Leben tatsächlich als ein Geschenk verstehen, ein Geschenk Gottes. Jeden Augenblick dieses Geschenkes kann ich dankbar annehmen. Ein so verstandenes Leben ist ein Gebet in jedem Augenblick.

LIED: Vergiss nicht zu danken (EG Pfalz/Baden 618; EG Württ. 608)
Jauchzt, alle Lande (EG 279, 1.2.7)

4. Austausch

Kaffeetrinken; Gespräch; Austausch (vgl. S. 12 f.)

5. Aktion/Anregungen

LIED: O Herr, mach mich zu einem Werkzeug deines Friedens (EG 416)

Der Ablauf des weiteren Nachmittags wird vorgestellt:

Zum Beginn des Nachmittag gebe ich Ihnen einige Informationen zum Thema »Gebet in der Bibel«:

Die Psalmen legen ein reiches Zeugnis über die Gebetspraxis der alttestamentlichen Menschen ab. Sie geben zu erkennen, dass das Gebet kein abgehobener religiöser Akt ist, sondern die Möglichkeit, sich mit dem Leben auseinander zu setzen. Die Kinder Israel klagten Gott, wie die Psalmen berichten, was im Leben schief lief und worunter sie litten. So beginnt das Gebet oft mit der Klage über die Situation, die Gott geschickt hat. Oft folgt dann das Bittgebet, Gott möge eingreifen und die missliche Lage ändern. Am Ende des Gebets kann der Lobpreis stehen, wenn der/die Betende zu einer inneren Klärung gekommen ist und bereit ist, das Leben auch so anzunehmen, wie es sich im Moment zeigt. Er/sie erkennt Gott als den Allmächtigen an, der den richtigen Weg weiß. »Gottes Überblick« wird sozusagen anerkennt. Innerhalb eines Gebets, eines Psalms kann Klage, Bitte und Lob vertreten sein. In der Regel unterscheidet man zwischen Klage- und Bittgebeten und Dank und Lobpreis.

Eine wichtige Voraussetzung des Gebets im alttestamentlichen Kontext soll noch genannt werden: Die Initiative zum Gebet liegt nicht beim Betenden, sondern bei Gott. Es ist Gott, der den Menschen führt, der den Menschen anspricht. Der Einzelne antwortet auf die Ansprache durch Gott, die sich u. a. in seiner Lebenssituation äußert, indem er betet. Gott spricht den Menschen an, auch im Gebet nimmt der Mensch ihn wahr, hört auf ihn. Jedes Bitten setzt das »Höre, Israel!« (5. Mose 6,4) voraus. Im »Höre, Israel« wird die Gemeinschaft angesprochen. Der Einzelne hört Gottes Ruf als Teil der Gemeinschaft, die Gott führt. Deshalb ist das Gebet auch eine gemeinschaftliche Aufgabe. Der Ort der Fürbitte ist die Gemeinschaft, in der sich der Einzelne aufgehoben weiß. Für ihn wird gebetet, wenn es nötig ist, wenn er es möchte.

Das Gebet als geistliches Geschehen, das im Hören und Reden besteht, teilt sich in Gebärden und Gesten mit. Häufig ist die Haltung beim Gebet vom Inhalt abhängig. Die alttestamentlichen Menschen knieten häufig beim Gebet, das Gesicht zu Boden gewandt als Ausdruck der Ehrfurcht. Der Dank und Lobpreis kann stehend mit hocherhobenen Armen gesprochen werden. (1. Könige 18, 54-56). Das bei uns übliche Händefalten wird gerne als Unterwerfungsritus der Germanen vor ihren Fürsten verstanden. Zu den Gebetsgesten gesellt sich das Fasten. Beten und Fasten gehören im Alten (Esra 8,23; Daniel 9,3; Tobit 12,9; Judit 4,7) wie im Neuen Testament (Matthäus 17,21, Apostelgeschichte 14,23; Lukas 2,37) eng zusammen. Auch dem Fasten wird der Aspekt der inneren Reinigung und der Klärung der Gedanken zugesprochen.

Das Verständnis des Gebets im Neuen Testament ist durch das Beten Jesu bestimmt. Jesus redet Gott mit dem kindlich vertrauensvollen Kosenamen »Abba« an. So redet Jesus Gott im »Vater unser« an. Das »Vater unser« ist den Menschen als »das Gebet« gegeben worden. Es enthält Lobpreis, Dank und die Bitte um das zum Leben Notwendige, das sowohl in Nahrungsmitteln als auch in der Vergebung besteht. Es stellt in die Gemeinschaft durch die Hoffnung auf das Reich Gottes. Auch die frühe Christengemeinde, von der die Apostelgeschichte erzählt, hat die Gemeinschaft im Gebet im Blick (Apostelgeschichte 2,42).

In den Evangelien wird von Jesu Beten vor allem dann berichtet, wenn er vor wichtigen Aufgaben in seinem Leben stand. Er betet bei seiner Taufe (Lukas 3,21), vor dem Beginn seiner Heilungstätigkeit (Lukas 5,16). Er fastet, als der Teufel in versuchen will (Matthäus 4,2). Jesus betet vor seinem Tod in Gethsemane zu Gott. Er bittet, dass er vor seinem Schicksal verschont wird. Gleichzeitig ist er aber bereit, es so anzunehmen, wie Gott es will. So wird es im Matthäus-Evangelium berichtet. Das Gebet ist die Bitte um Veränderung. Das intensive Beten führt aber dazu, dass Jesus seine Situation, seinen Tod annehmen kann. Am Ende der Nacht weckt er seine Jünger, die eigentlich mit ihm beten sollten, die aber schliefen, und sagt: »Steht auf, lasst uns gehen!« Das Gebet hat dazu geführt, dass er seine Situation annehmen konnte. (Matthäus 26, 36-46)

Soviel zum Gebet in der Bibel. – Und wie beten wir heute? Haben wir bestimmte Haltungen und Riten beim Beten?

Wir wollen heute gemeinsam Formen des Betens ausprobieren. Wie Menschen beten, das ist kulturell bedingt. Jede Gebetsgeste hat aber nicht nur eine andere Aussage, sie fühlt sich auch anders an. Das wollen wir heute versuchen.

Arbeitsauftrag:

Bitte falten Sie die Hände. In der Regel falten wir zum Gebet die Hände. Diese Gebetsgeste stammt aus germanischer Zeit. Indem man mit gefalteten Händen vor dem obersten Feldherrn auf die Knie fiel, brachte man ihm mit dieser Geste die eigene Unterwerfung unter seinen Befehl, Treue und Ergebenheit zum Ausdruck. In dieser Haltung wurden aber auch Gefangene gefesselt. Diese Haltung wurde später zum Gebet eingenommen. Vielleicht soll die Unterwerfung unter Gottes Willen dadurch betont werden. Diese Gebetshaltung unterstreicht den Gedanken von der Allmacht Gottes. Die Niedrigkeit des Menschen wird deutlich.

Arbeitsauftrag:
Bitte erheben Sie Ihre Arme in Richtung Himmel, schauen Sie in die Höhe, wenn Sie mögen. Wie ergeht es Ihnen dabei, was fühlen Sie?

Die Teilnehmenden beschreiben Ihre Gefühle (z. B. Freiheit, Stark-Sein, Größe)

In dieser Gebetshaltung, mit zum Himmel erhobenen Armen, hat wohl Abraham gebetet. Es ist eine sehr emotionale Gebetshaltung. Man kann mit ihr klagen und flehen, aber auch danken. Es ist als wolle man »Gott vom Himmel holen« – also Nähe zu ihm herstellen.

Arbeitsauftrag:
Jetzt wollen wir eine meditative Haltung einnehmen. Bitte setzen Sie sich bequem, aber gerade hin, stellen Sie beide Beine auf den Boden. Lassen Sie die Arme im Schoß ruhen, sodass sich die Fingerspitzen der Hände berühren. Wenn Sie wollen, können Sie die Augen schließen.

Die Hände bilden eine geöffnete Schale. Sie zeigen, dass wir Empfangende sind, auf Gottes Wort hören wollen. Sie merken wahrscheinlich, dass man in dieser Haltung zur Ruhe kommt. Im Schweigen können wir Gott begegnen, in der Stille der Person auf Gott hören und den Dialog aufnehmen. Lassen Sie sich nun in der Stille Zeit für ein Gespräch mit Gott *(2 Minuten Schweigen)*. Bitte öffnen Sie die Augen und schauen Sie sich um, wir kommen in den Kreis zurück.

Impuls:
Wir wollen nun das »Vater unser« in meditativer Körpersprache miteinander beten.

Im Materialteil (siehe S. 141) werden Vorschläge für die Umsetzung des »Vater unser« in meditative Körpersprache gemacht. Es können aber auch eigene Gesten und Gebärden gemeinsam mit der Gruppe entwickelt und dann umgesetzt werden.

Arbeitsauftrag:
Auf dem kleinen Tisch steht eine brennende Kerze. Wir wollen heute auf eine ungewöhnliche Weise beten, bitten und danken.

Sie erhalten Taubenkarten und Wolkenkarten (siehe Materialteil S. 142 f.). Die Taubenkarten sind Dankkarten, die Wolkenkarten sind Wunschkarten.

Bitte beschreiben Sie Ihre Taubenkarten mit Ihrem persönlichen Dank an Gott. Wir werden Sie um die Kerze legen. Wenn sie Bitten an Gott haben, so schreiben Sie Ihre Gebetswünsche bitte auf die Wolkenkarten.

6. Abschied

Tipps und Hinweise; Wochenpsalm; Lied (s. S. 13 f.)

Juli
Mensch – made by Gott

1. Ankommen

Nach dem Begrüßungsteil wird das Thema des Nachmittags eingeführt:

Jeder Mensch ist einzigartig und einmalig, weil jeder und jede von uns ein Ebenbild Gottes ist. Das ist die christliche Überzeugung. Die Maßstäbe in unserer Gesellschaft haben eine andere Bewertungsgrundlage. Leistungsfähig und jung muss man sein, um anerkannt zu werden. Aber leistungsfähig zu sein, ist doch nicht alles. Jeder Mensch ist aus sich heraus wertvoll, auch ohne Leistung, weil er von Gott gewollt und geliebt ist.

LIED: Lobe den Herren (EG 316, 1-3)

2. Anfangen

Abkündigungen; Gebet (vgl. S. 11 f.)

3. Andacht

Bibeltext: Jesaja 6, 1-10

»Nun war es so weit, Inspektor Jury ordnete an, dass seine Fingerabdrücke genommen werden – bedeutete das nun das Aus?«

Ein Satz aus einem Krimi. Fingerabdrücke sucht man bei den Fahndungsunterlagen der Polizei, sie gehören in den Bereich der Kriminalistik. Mit einem Fingerabdruck verbindet man nicht unbedingt etwas Gutes.

Aber inzwischen hat man den Fingerabdruck des Menschen noch für etwas anderes entdeckt. Unterschriften und Scheckkarte sind fälschbar – der Fingerabdruck nicht. Vielleicht wird unser Finger demnächst beim Geldholen elektronisch abgelesen – ohne Karte, nur mit dem Fingerabdruck wäre das Geldholen und vieles andere dann möglich. Ob diese offensichtlich ernsthaften Überlegungen Wirklichkeit werden?

Der Fingerabdruck hat für mich noch eine ganz andere Bedeutung – er symbolisiert, dass jeder Mensch einmalig und unnachahmbar ist. Wir sind einmalig und unverwechselbar. Jeder Mensch ist einzigartig und deshalb kommt ihm Würde zu. Gott hat den Menschen, jeden Menschen einmalig und einzigartig gemacht – der Fingerabdruck beweist es.

Unverwechselbar sind diese doch so einfach aussehenden Linien eines Daumens, eines Fingers. Der Fingerabdruck ist das unverwechselbare Kennzeichen eines Menschen!

Auch der alttestamentliche Prophet Jesaja ist von Gott einzigartig gemacht worden. Aber nicht nur das. Er begegnet in seinem Leben Gott. Seine Begegnung mit Gott beschreibt Jesaja in dem Bibeltext, den wir eingangs gehört haben. Jesaja beschreibt diese Begegnung mit Gott in den Bildern seiner Zeit, so wie es für Menschen damals verständlich und üblich war.

Er beschreibt seine Begegnung mit Gott als eine himmlische Ratsversammlung. Gott thront in seinem Hofstaat. Er ist von Serafinen umgeben. Ein Thronrat überlegt, wer den Auftrag Gottes ausführen könnte und Jesaja ist bereit dazu. Er wird der Bote Gottes. Serafim sind menschenartige Mischwesen mit Flügeln, die die Nähe Gottes anzeigen. Sie haben eine besondere Beziehung zum reinigenden Feuer, deshalb nehmen sie die glühende Kohle und reichen sie Jesaja. Feuer bedeutet Bedrohung und Reinigung zugleich. Ein für uns ungewöhnliches

Bild – es bedeutet, dass Jesaja innerlich von Schuld und Sünde gereinigt wird.

Jesaja begegnet Gott. Das hat Konsequenzen: Er wird in Gottes Dienst gestellt. Er hat eine Aufgabe, einen Auftrag zu erfüllen. Er wird Teil des göttlichen Plans. Er spricht im Auftrag Gottes zu den Menschen. Das heißt aber noch lange nicht, dass er erfolgreich ist. Er soll die Menschen für Gott gewinnen und von vorneherein ist klar, dass ihm das nicht gelingen wird. Die Menschen werden nicht auf Jesaja, Gottes Boten, hören. Für Gott eingespannt – und doch ist die Erfolglosigkeit vorprogrammiert. Was ist das für ein Auftrag!

Wie sprechen wir heute davon, wenn wir Gott begegnen?

Wir reden nicht von einem himmlischen Hofstaat, von dem umgeben wir Gott sehen würden.

Ein Mann erzählte mir seine Begegnung mit Gott. Er war damals zwischen 42 und 45 Jahren alt. »Da stand mein Leben auf der Kippe, ich wusste nicht, was das alles sollte. Ich war geschieden, aus der Bahn geworfen, litt unter Angst, wenn ich nach Hause kam. Diese Angst konnte ich nur mit Alkohol bekämpfen. Damals sind mir Menschen begegnet, die haben mir immer wieder zugeredet und mich auch mitgenommen in ihre Gruppen, in christliche Hausgemeinschaften. Zuerst konnte ich nichts damit anfangen – aber dann wusste ich, das ist der richtige Weg, ich muss mein Leben ändern.« Das berichtete mir der heute wieder verheiratete 50-jährige Mann, der inzwischen einen Ruf als Künstler hat. »Damals«, so sagt er heute, »damals ist mir Gott begegnet, ich weiß es ganz genau. Sonst wäre es aus mit mir gewesen.« Seit dieser Zeit ist er sehr engagiert in der Kirche und in der Kirchengemeinde. Auch er will anderen helfen, so wie ihm damals geholfen worden ist. Und er will anderen von Gott erzählen.

Heute geht es ihm so wie dem Propheten Jesaja. Er will anderen Menschen von seiner Begegnung mit Gott erzählen. Und wie oft hat er keinen Erfolg, wie oft wird er nicht gehört! Der Einsatz für das Richtige garantiert noch keinen Erfolg.

Die Berufung des Propheten Jesaja im Jahr 740 vor Christus – und die Berufung eines Menschen heute um das Jahr 2000 nach Christus. Wir sind eingebunden in Gottes Vorhaben. Wir sehen immer nur einen Teil, oft genug sehen wir nur den Misserfolg – wir haben aber nicht den Überblick, wissen nicht, in welchem Zusammenhang das steht, was in unseren Augen wie Scheitern aussieht.

In einem Bild ausgedrückt kann man das so sagen: Wenn ich einen Wandteppich betrachte, schaue ich mir seine Vorderseite an. Von vorne ist er ein richtiges Kunstwerk, gewebt aus vielen unterschiedlichen Fäden, die genau an der richtigen Stelle platziert sind, damit ein erkennbares Bild entsteht. Ganz anders aber sieht die Rückseite aus. Betrachten wir nur die Rückseite, so besteht dieser Teppich aus einem Gewirr von Fäden, die einen ungeordneten, sinn- und zusammenhanglosen Eindruck machen. So ist es auch mit unserem Leben. Wir sehen es eigentlich immer nur von der Rückseite. Aber Gott hat für jedes Leben ein sinnvolles Muster gewebt. Diese Vorderseite unseres Lebensteppichs können wir in diesem Leben nicht sehen. Deshalb verstehen wir manchen Misserfolg, manches Scheitern trotz der guten Sache für Gott nicht.

Jeder Mensch ist ein Fingerabdruck Gottes. Er oder sie ist einzigartig, einmalig. Das Leben eines jeden Menschen ist wie ein Fingerabdruck Gottes in dieser Welt. Und genauso ist der Weg Gottes mit jedem Menschen einmalig. Jeder Mensch hat seine Rolle in dem großen Spiel Gottes mit seiner Welt. Oft erkennt man selbst diese Rolle nicht, oft auch nicht die anderen. Jeder einzigartige Fingerabdruck Gottes spielt eine Rolle – auch wenn er nicht den Maßstäben unserer Gesellschaft entspricht, auch wenn dieser Mensch behindert, schwerkrank, alt oder erfolglos ist.

Der alte Mensch erfährt in unserer Gesellschaft, dass vor allem Leistung zählt. Wenn er diese Leistung nicht mehr so wie früher erbringen kann, wird oft die Frage gestellt: »Wozu bin ich noch gut?« Die materielle Leistung macht aber nicht das Leben eines Menschen aus. »Gott gegenüber ist der Mensch ein Nehmender, insofern er sich selbst von seinem Gott entgegennimmt. Sich selber empfangen zu können, die eigene Person von Gott entgegennehmen zu können – das ist Glaube. Zwar gilt: Geben ist seliger als nehmen. Doch erst recht gilt: Nehmen-Können ist seliger als Geben-Können. Denn nur wer sich selbst von einem anderen empfangen kann, kann sich selbst einem anderen auch hingeben«, so sagt es der bekannte Theologe Eberhard Jüngel (Eberhard Jüngel, Der alte Mensch – als Kriterium der Lebensqualität, in: Der Wirklichkeitsanspruch von Theologie und Religion, Tübingen 1976, S. 131.)

»Da sein«, weil Gott das Leben gegeben hat, das ist eine Lebensmöglichkeit im Alter, aber auch eine vorbildliche Existenzweise für alle Menschen. Wenn darauf vertraut wird, dann ist der alte Mensch gerade dadurch, dass er Nehmender ist, ein Symbol der Menschenwürde. In diesem Sinn ist er ein Gebender. Denn er gibt der Gesellschaft durch sein bloßes Dasein zu verstehen, dass der Mensch eben in seinem bloßen Dasein bereits ein Gebender ist.

Auch wenn es dem alten Menschen – und nicht nur diesem – gelingen muss, sich von dem in unserer Gesellschaft üblichen Messen an Leistung frei zu machen, bedeutet dies noch lange nicht, dass er etwa nichts mehr für die Gesellschaft tun könne. Die besonderen Qualitäten, die das Alter mit sich bringen kann, sind Ansporn, Vorbild und Bereicherung auch für Jüngere.

Im Alter kann der Mensch durch seine Beziehung zu Gott in intensiver Weise »da sein«. Sie ist entscheidend für die Qualität seiner Lebens.

Für einen alten Menschen heißt das, wahrzunehmen, was sich verändert, den Abbau von Schnelligkeit und Wendigkeit etwa, aber auch erkennen, dass noch vieles sinnvoll und möglich ist, intensivere und konzentriertere Arbeit zum Beispiel. Auf die positiven Möglichkeiten des Alters zu schauen, macht frei zu neuem Handeln. Ein nur an den Defiziten orientiertes Menschenbild des Alters dagegen, misst sich an jugendlicher Leistungsfähigkeit und übersieht die Möglichkeiten, die auch im »Da-Sein« verborgen sind. Die Einzigartigkeit und Würde des Menschen geht im Alter nicht verloren. Der alte Mensch ist Gottes Ebenbild.

Gott begegnet uns in allen Zeiten unseres Lebens, auch im Alter, uns, seinen einzigartigen Geschöpfen. Jeder Mensch ist ein Fingerabdruck Gottes in diese Welt hinein. Jeder Mensch ist einmalig und hat seine einzigartige Rolle im Leben mit Gott. Mit diesem Wissen, dieser Erkenntnis lässt sich auch das Leid und die Krankheit annehmen, auch, wenn wir sie nicht verstehen. Lassen sie uns so getrost leben.

LIED: Sonne und Mond, Wasser und Wind und Kinder und Blumen schuf unser Gott (EG Pfalz/Baden 629)

Vater unser

4. Austausch

Kaffeetrinken; Gespräch; Austausch (vgl. S. 12f.)

5. Aktion/Anregungen

LIED: Nun danket alle Gott (EG 321)

Der Verlauf des weiteren Nachmittags wird vorgestellt:

Wir Menschen sind einzigartig und unendlich wertvoll in jeder Lebensphase. Wir sind einzigartig, weil Gott unser Schöpfer ist, er jeden und jede von uns wollte, eben: Mensch – made by Gott. Das ist unser Markenzeichen! Aber wir sind nicht alleine auf der Welt. Wir teilen das Leben, alles was wir erleben mit vielen anderen Menschen. Der Einzelne ist in die Gemeinschaft mit anderen eingebettet.

Arbeitsauftrag:
Menschen werden in die Welt geboren. Sie verbindet die jeweilige geschichtliche Situation. Sie sind besonders durch das Erleben der beiden Weltkriege geprägt worden. Viele Schicksale sind ähnlich – und doch wieder ganz anders. Das Weltgeschehen verbindet unterschiedliche Leben. Als Symbol für dieses Miteinander, diese Vernetzung, knüpfen wir heute Nachmittag mit diesen Fäden ein Netz unter uns. *(Sie brauchen: stärkeren Bindfaden, geschnitten in 40 cm lange Stücke.)* Bitte knüpfen Sie die Fäden kreuz und quer zu einem Netz zusammen.

Das fertige Netz wird aufgehängt.

Impuls:
Wir sind einmalig und unverwechselbar. Das ist das Thema des heutigen Tages. Vieles ist gemeinsam erlebt worden, aber jede und jeder hat ihr eigenes Schicksal, ein unverwechselbares Leben. Das ist vielfältig, durchläuft viele Phasen, die Phase der Kindheit, der Jugend, des Erwachsenseins und des Altwerdens. Wir wollen heute einer bestimmten Lebensphase nachgehen, ihr nachspüren. Überlegen sie einmal, wie ihre Jugend war! Wie war es, wie haben Sie sich gefühlt, als Sie 10, 11 oder 15 Jahre alt waren *(fünf Minuten Meditationsmusik)*.

Arbeitsauftrag:
Jetzt haben Sie die Möglichkeit sich einen Gegenstand aus unserem Symbolkorb herauszusuchen. *(Sie brauchen: Einen Korb mit Gegenständen, z.B. Sieb, Stein, Ziegel, Flasche, Süßigkeiten, Brief, Tagebuch, Bilder, Stoff, Wolle, Hammer, Nägel, Buntstifte usw., der Phantasie sind keine Grenzen gesetzt.)* Welcher von diesen Gegenständen hat etwas mit Ihrer Jugend zu tun, welcher Gegenstand erinnert Sie an etwas? Mit diesem Symbol in der Hand bitte ich Sie, uns etwas aus Ihrer Jugend zu erzählen, wie Sie sie empfunden haben und welche Gedanken Sie zu diesem Symbol für Ihre Jugend haben.

Eine Frau griff sich einen Stein. Der Stein, so erläuterte sie, ist für sie das Bild für den Teil ihrer Jugend, der beschwerlich und hart war. Sie stammte aus der Landwirtschaft und musste von frühster Kindheit an im Stall helfen. Morgens um fünf Uhr ging sie mit den Eltern in der Stall, um zu melken. Danach machte sie sich auf den Schulweg. Sie musste zur Schule eine halbe Stunde durch den Wald laufen. Im Nachhinein aber empfand sie diese Zeit als eine schöne. Sie hatte die Nähe der Eltern genossen, das morgendliche Arbeiten war fröhlich abgelaufen und sie hatte beim Melken immer gesungen.

Arbeitsauftrag:
Der Fingerabdruck war in der Andacht das Symbol für die Einzigartigkeit des Menschen. Ich habe Stempelkissen in verschiedenen Farben mitgebracht. Auf dem weißen Plakatkarton können Sie nun einen Fingerabdruck hinterlassen. Ihr Fingerabdruck ist ein Unikat. Aber er bleibt nicht allein, viel andere kommen hinzu, das ist das Zeichen für unsere Gemeinschaft.

6. Abschied

Tipps und Hinweise; Wochenpsalm; Lied (s. S. 13f.)

August
Vater im Himmel – Wie stellen wir uns Gott vor?

1. Ankommen

Das Thema des Tages wird eingeführt:

Im Lauf des Lebens verändern sich unsere Vorstellungen von Gott. Als wir Kinder waren, wurde uns Gott als der liebende Vater vorgestellt. Vielleicht war er für uns zwischendurch eine »Leerzeile«, also uninteressant. Später fragte man sich vielleicht: Was ist das für ein Gott, der Kriege zulässt? Irgendwann im Leben bewegt die Frage nach Gott. Gibt es ihn oder ist er tot? Oder wie ist er, wenn es ihn gibt?

Die Menschen, von denen die Bibel berichtet, haben Gott so beschrieben, wie er ihnen begegnet ist. Einmal bewahrte er sie wie ein liebender Vater, ein andermal forderte er sie wie ein strenger Herrscher. Auch das Bild von der liebenden Mutter für Gott kennt die Bibel. Lassen sie uns heute gemeinsam über unsere Vorstellungen von Gott nachdenken.

Lied: Gott ist gegenwärtig (EG 165, 1.2.4.8)

2. Anfangen

Abkündigungen; Gebet (vgl. S. 11 f.)

3. Andacht

Im Teich am Waldrand schwammen eine kleine Plötze und eine Kaulquappe zwischen den Wasserpflanzen. Die beiden Freunde waren unzertrennlich. Eines Morgens entdeckte die Kaulquappe, dass ihr über Nacht zwei kleine Beine gewachsen waren. »Guck mal«, sagte sie stolz, »guck doch mal, ich bin ein Frosch!« »Quatsch«, sagte die Plötze. »Wie kannst du ein Frosch sein, wenn du noch gestern Abend ein Fisch gewesen bist, genau wie ich!« Sie redeten und redeten, bis schließlich die Kaulquappe sagte: »Frösche sind Frösche und Fisch ist Fisch, und so ist das nun mal!« (Leo Lionni, Fisch ist Fisch, 8. Aufl., Köln 1970)

Vielleicht sind Sie überrascht, in der Andacht etwas von einem Fisch und einer Kaulquappe zu hören. Aber in dieser Geschichte wird deutlich, wie begrenzt unsere Vorstellungskraft ist. Und so geht die Geschichte weiter: In den Wochen darauf wuchsen der Kaulquappe auch vorne winzige Beine und ihr Schwanz wurde kleiner und kleiner. Und eines schönen Tages kletterte ein richtiger Frosch aus dem Wasser heraus auf die Wiese. Aber auch die kleine Plötze hatte sich inzwischen zu einem richtigen Fisch ausgewachsen. Oft fragte sie sich, wo ihr vierfüßiger Freund wohl geblieben war. Mit einem fröhlichen Plumpsen, das die Wasserblumen ganz durcheinanderbrachte, hüpfte dann eines Tages der Frosch in den Teich. »Wo bist du gewesen?«, fragte der Fisch aufgeregt. »Ich bin an Land gewesen«, sagte der Frosch. »Ich bin überall herumgehüpft, und ich habe ganz seltsame Sachen gesehen.« »Was denn?«, fragte der Fisch. »Vögel«, sagte der Frosch geheimnisvoll. »Vögel!« Und er erzählte dem Fisch von den Vögeln. »Sie haben Flügel und zwei Beine und viele, viele Farben.« Während der Frosch redete, stellte sein Freund sich die Vögel vor: Er sah sie fliegen, die Vögel, sie sahen in seiner Vorstellung wie große gefiederte Fische aus. »Was noch?«, fragte der Fisch ungeduldig. »Kühe«, sagte der Frosch. »Kühe! Sie haben vier Beine, Hörner, fressen

Gras und tragen rosa Säcke voll Milch.« »Und Menschen!«, sagte der Frosch. »Männer, Frauen, Kinder!«

Und der Fisch stellte sich die Kühe vor. In seinem Kopf waren es Fische. Sie hatten einen Euter, vier Beine und Hörner. Die Menschen liefen in seinem Kopf als aufrecht stehende Fische mit Fischschwanz und zwei Beinen, Hut, Mantel und Stock umher. Alles, was er hörte, stellte er sich in Fischform vor. Und der Frosch erzählte und erzählte, bis es im Teich dunkel war. Aber der Fisch konnte nicht schlafen. Sein Kopf war voll von Lichtern, Farben und aufregenden Bildern. Ach, könnte er doch nur umherhüpfen wie sein Freund und diese wundervolle Welt sehen!

(Bild aus dem Buch »Fisch ist Fisch« von Leo Lionni durch die Reihen geben lassen; siehe Materialteil S. 144f.)

Liebe Senioren, der Fisch in seinem Teich stellte sich die Kühe und Menschen, von denen der Frosch ihm erzählt hatte, wie Fische vor. In seinem Kopf sieht er Menschen, die Kleider anhaben, die Hüte tragen und Schuhe an den Füßen haben, so wie sie es auf dem Bild sehen, das eben durch die Reihen gegeben wurde. Sie hatten aber in seinem Kopf die Gestalt eines aufrechten Fisches. Der Fisch hat in seinem Leben nichts anderes gesehen als Fische. All das, von dem der Frosch erzählte, stellte er sich in Fischgestalt vor. Draußen war ja eine Welt, außerhalb des Teiches, die er nicht kannte. Alles, was er hörte, stellte er sich so vor, wie er es sich nur denken konnte: In der Art dessen, was er bisher in seinem Teich gesehen hatte. Fisch ist Fisch!

Der Mensch stellt sich Gott vor, aber: Fisch ist Fisch und Mensch ist Mensch. Auch wir Menschen haben Schwierigkeiten, uns etwas vorzustellen, was wir aus unserer Umwelt nicht schon kennen. Unsere Vorstellungskraft reicht nur so weit, dass sie beschreibt und neu zusammensortiert, was wir irgendwo einmal schon gesehen oder erlebt haben. Wir Menschen reden von Gott und versuchen uns Gott vorzustellen.

Unsere Vorstellungskraft, unsere Gedanken können ihn aber nicht fassen. Der Mensch redet von Gott und setzt dabei, bewusst oder unbewusst, ständig seine eigenen Verhältnisse und Möglichkeiten voraus. Somit wird jedes Bild, das wir uns von Gott machen, wie die kleine Geschichte am Anfang gezeigt hat, falsch, denn Mensch ist Mensch. Es ist ärgerlich und beunruhigend, dass unsere menschlichen Möglichkeiten, die sich tagtäglich ausdehnen, nicht ausreichen, um uns Gott vorzustellen. Unsere Vorstellungskraft, unsere Gedanken können Gott nicht fassen.

»Wie einen alten Mann, der einen langen Bart trägt, so stelle ich mir Gott vor«, antwortete ein 10-jähriger Schüler auf die Frage, welches Bild er von Gott habe. Viele von uns stellen sich Gott so vor. Menschliche Züge und Verhaltensweisen ordnen wir ihm dann zu. Durch die kleine Geschichte vom Fisch merken wir, wie unrichtig unsere Vorstellungen sind, die wir uns von Dingen machen, die wir nicht kennen. Der Kopf des Fisches war voll von den bunten Bildern der Fischmenschen. Wie Menschen wirklich aussehen, wusste er ja nicht. Und jedes Bild, das wir uns von Gott machen, wird ebenso falsch. In der Bibel heißt es: »Du sollst dir kein Bildnis noch irgend ein Gleichnis machen.« Dieses Gebot war für die Menschen des Alten Testamentes noch ungewöhnlicher als für uns heute. Damals, ca. 1000 Jahre vor Christus, war es üblich, sich Bilder von Göttern zu machen, sie als Figuren aufzubewahren und sie anzubeten. Sich von Gott kein Bild zu machen, war ungewöhnlich und ungewohnt. Gott ist nicht in Bildern zu fassen oder in Figuren zu finden. Das Gebot: »Du sollst dir kein Gleichnis oder Bildnis von Gott machen«, sollte zeigen, dass Gott sozusagen alle Bilderrahmen sprengt.

Wie können wir Gott finden? Mose fragt nach Gott am Berg Sinai: »Wie soll ich dich bezeichnen, wie soll ich von dir reden?« »Ich bin, der ich bin«, lautet die Antwort Gottes. Gott, heißt das, ist nicht zu fassen in Bildern, Figuren und Bezeichnungen. Gott lässt sich nicht fangen, nicht einsperren, weder in Kirchengebäude noch in Theologien. Er ist überall. Er ist bei uns, er ist hinter uns, vor uns, über uns und unter uns. Er ist der, der immer sein wird. Die Größe Gottes kann in keinem Bild gefangen werden.

Du sollst dir kein Gleichnis noch irgend ein Bildnis von Gott machen. Gott ist der lebendige Gott, der an uns handelt, der mit uns geht. Jedes Bild, das wir uns von ihm machen, ist im gleichen Augenblick schon wieder überholt, weil er mit uns weitergeht, sich mit uns verändert.

Und doch bleiben die Fragen: Woran können wir uns festhalten, wo müssen wir hinschauen, wenn wir Gott sehen wollen? Wo können wir ihn finden? Wenn wir es mit Gott zu tun haben wollen, so sind wir nicht alleine gelassen. Wir können von ihm sprechen, indem wir Vergleiche gebrauchen, die die Bibel uns vorschlägt:

In der Bibel heißt es etwa, dass Gott wie eine tröstende Mutter zu uns ist. Ein Teil von Gott ist so, als wenn eine Mutter tröstet. Gott ist wie ein Hirte zu uns. Er will uns beschützen. Auch das ist eine Seite von ihm. Gott ist wie eine Adlermutter, die ihr weiches, warmes und großes Gefieder schützend über ihre Jungen streckt, sie gegebenenfalls aber auch einmal aus dem Nest wirft, wenn es nötig ist.

Mensch ist Mensch. Wir können Gott nicht erfassen, nicht denken und nicht beweisen. Aber viele biblische Bilder beschreiben, wie Gott ist, wie er zu uns sein will, das ist gut, das ist tröstlich, daran können wir uns halten.

Wie Gott zu uns sein will, ist in einmaliger Weise in Jesus Christus deutlich geworden. Jesus war den Kindern, einer damals und auch heute wenig beachteten Menschengruppe, ein wahrer Freund. Die Kinder stellte er uns als Vorbild hin. Wenn wir so werden wie sie, dann kommen wir in das Himmelreich. Den Frauen war er ein Partner im Gespräch und im Leben. In einer Zeit, als man mit Frauen nicht über wesentliche Dinge sprach, weil ihre Meinung nicht galt.

Den Menschen, die es schwer mit sich, der Welt und Gott hatten, nahm er sich in besonderer Weise an. Er aß mit Zachäus, dem Zöllner, der verachtet und verrufen war, der immer ein Zuviel an Zoll einnahm und sich mit den Mächtigen gut hielt. Die Nähe, die ihm Jesus schenkte, veränderte ihn und sein Leben.

Jesu Leben zeigt, wie Gott zu uns sein will: liebend, annehmend, fürsorglich und vergebend. So wie eine tröstende Mutter, wie ein zärtlicher Vater, wie eine vitale Adlermutter, wie ein Hirte, der das hundertste Schaf sucht, wenn es verloren geht.

Lied: Meinem Gott gehört die Welt (EG 408)

Vater unser

4. Austausch

Kaffeetrinken; Gespräch; Austausch (vgl. S. 12 f.)

5. Aktion/Anregungen

Lied: Lobet den Herren alle, die ihn ehren (EG 447)

Der Ablauf des weiteren Nachmittags wird vorgestellt:

Mit unseren Gottesbildern, mit unseren Vorstellungen von Gott beschäftigen wir uns heute.

In der ersten Runde wollen wir gemeinsam überlegen, wie wir Gott sehen. Welche Bilder und Vergleiche uns nahe sind.

Im zweiten Teil werden wir den Spuren des Mose in der Meditation folgen. Ihm ist Gott am Dornbusch begegnet. Wir suchen ihn dort.

Für alle, die gern etwas mit Ihren Händen tun, gibt es die Möglichkeit, mit Ton zu arbeiten. Das, was Sie in der Meditation erlebt haben, geht durch Ihre Hände in den Ton. Lassen Sie Ihren Händen freien Lauf. Wir werden sehen, was dabei herauskommt! Hinterher werden wir die Formen anschauen und zu deuten versuchen.

Impuls:
Eine große Plakatwand ist aufgestellt. Auf ihr steht in großen Buchstaben: Gott ist für mich wie …

Bitte überlegen Sie, wie Gott für Sie ist. Suchen Sie nach Bildern. Z. B. Gott ist für mich wie die Sonne, wie eine Quelle.

Erläutern Sie, wenn Sie wollen, noch mit einem Beispiel, was dieses Ihr Bild für Gott meint, wo es in Ihrem Leben vorgekommen ist.

Die Gottes-Bilder werden von der Leiterin auf der Plakatwand notiert.

Meditation:
Gott ist der, der immer sein wird. Weder Bilder noch Namen werden ihn erklären. Er bleibt uns voraus, ist unfassbar für uns. Und trotzdem finden wir ihn immer wieder, zum Beispiel im Gebet. In allen Lebenssituationen ist er uns nah. In der Meditation erschließt er sich uns. Wir wollen ihm begegnen, so wie Mose am Dornbusch Gott begegnet ist. Bitte setzen Sie sich bequem hin, die Hände liegen in Form einer geöffneten Schale in Ihrem Schoß, die Augen können Sie schließen, wenn Sie mögen.

Sie gehen durch die Wüste, es ist heiß, sehr heiß. Die Luft flimmert. Ein paar gelbe Halme rechts und links – sonst nichts. Plötzlich entdecken Sie etwas: Feuer, etwas brennt in hellen, gelb-roten Flammen. Sie gehen näher heran. Ein Busch brennt und verbrennt doch nicht. Eine Stimme ruft Ihren Namen. »Gehe nicht näher heran, diese Erde gehört Gott.« Sie fallen auf die Knie. Jetzt wissen Sie, es ist Gott, der mit Ihnen redet. Was will er? Sie sind gemeint, für ihn sollen Sie da sein …

Aber wer bist du, Gott, wie heißt du, wie soll ich dich nennen?

Hören Sie, was die Stimme sagt. Was sagt Sie Ihnen? *(Eine Minute Schweigen)*

Bitte öffnen Sie die Augen und schauen Sie sich um, strecken Sie sich, wir kommen in den Kreis zurück.

Bitte tauschen Sie sich jeweils zu zweit aus. Was haben Sie gesehen und gehört?

Wer will, kann uns allen nachher von seiner Erfahrung bei der Phantasiereise berichten.

Anregungen:
Wenn das Erlebte vertieft werden soll, stellt man den Teilnehmenden einen Klumpen Ton zur Verfügung. Der Klumpen ist so groß, dass er mit zwei Händen umfasst werden kann. Mit geschlossenen Augen soll der zur Verarbeitung fertige Ton geformt werden. Was hinterher in diesem meist abstrakten Kunstwerk gesehen werden kann, wird gegenseitig interpretiert.

Es zeigt sich, dass vieles von dem, was wir nach der Meditation nicht in Worte fassen konnten, sich in der Gestaltung des Tons zeigt. Auch Teilnehmende, die in der Meditation nicht mitgehen können, gestalten unbewusst mit dem Ton ihre Gefühle und Empfindungen. Ein Teilnehmer, der die Meditationsphase bewusst nicht mitmachte, weil er »damit nichts anfangen kann«, gestaltete mit geschlossenen Augen ein zerrissenes Gebilde. Im Gespräch erzählte er von seinem gespaltenen Verhältnis zu Gott. Einerseits sei er auf der Suche nach Gott, auf der anderen Seite misstraue er diesem allmächtigen Gott, der seiner Meinung nach viele Schattenseiten haben muss, wenn er das, was auf der Welt geschieht, alles zulässt.

6. Abschied

Tipps und Hinweise; Wochenpsalm; Lied (s. S. 13f.)

September

Der rote Faden im Leben

1. Ankommen

Das Thema des Tages wird eingeführt:

Unser Leben verläuft in Wellenbewegungen. Einmal schwimmt man oben auf dem Kamm der Wellen, das andere Mal wird man nach unten gespült. Mal gibt es Hoch-Zeiten, das andere Mal muss man sich durch Tief-Zeiten kämpfen.

Vieles, was einem im Leben begegnet, versteht man nicht, kann man nicht einordnen.

In der Rückschau ist oft die Frage da: Warum passierte mir das damals? Warum verlor ich meinen Arbeitsplatz, fragt einer. Warum habe ich das Angebot ins Ausland zu gehen nicht angenommen, fragt die andere? Hat das alles einen Zusammenhang, steckt Sinn dahinter, gibt es einen »roten Faden« im Leben eines jeden Menschen? Vielleicht kann man ihm nachspüren. Das wollen wir heute tun.

Lied: Von Gott will ich nicht lassen (EG 365, 1-3.8)
Manchmal kennen wir Gottes Willen (EG Pfalz/Baden 642; EG Württ. 626)

2. Anfangen

Abkündigungen; Gebet (vgl. S. 11 f.)

3. Andacht

Was ist Glauben? Bedeutet »glauben« »für wahr halten«? Ich halte das für wahr, was der andere mir erzählt? Dies meint »glauben« nicht. Glauben meint vertrauen. Ich vertraue dir. Ich vertraue auf Gott, dass er in meinem Leben da ist, auch dann, wenn ich es nicht spüre. Dass er meinem Leben Richtung und Ziel gibt. Glauben heißt vertrauen, Vertrauen haben zu Gott. Glauben kann so etwas wie der »rote Faden« im Leben sein. Etwas, was sich durch mein Leben von Anfang bis Ende hindurchzieht.

Aber an Gott glauben, das kann man auf verschiedene Weise tun. Man kann seinen Glauben sozusagen tragen wie einen **Tanzschuh** (*ein Tanzschuh wird gezeigt und herumgegeben*): Bei besonderen Gelegenheiten wird er herausgeholt. Er ist gepflegt, gut verpackt im Schrank, der Tanzschuh. Vielleicht ist es mit dem Glauben bei dem einen oder der anderen ähnlich: Ich hole ihn nur dann raus, wenn ich besonders dankbar bin in meinem Leben. Vielleicht, weil in der Familie ein Kind geboren wurde, weil jemand vor einem Unglück behütet wurde, dann hole ich dieses gute Stück sozusagen aus dem Schrank heraus. Vielleicht auch dann, wenn ich plötzlich krank geworden bin und mein Leben so ganz anders verläuft, als ich es will. Auch dann kann man die Schuhbeutel aufmachen und diesen kaum benutzten Tanzschuh, diesen »kaum benutzen« Glauben herausholen. Glauben sozusagen zu tragen wie einen Tanzschuh heißt, ich benutze ihn selten. Er wird nur ab und zu gebraucht, in der Regel ruht er in der hintersten Ecke des Schrankes. Wenn Menschen so glauben, erinnern sie sich selten in ihrem Leben, nur bei ganz bestimmten Ereignissen, daran, dass es Gott gibt. Dann kann es schon einmal sein, dass wir auch zu Weihnachten in die Kirche gehen. Wie beim Tanzschuh, den ich selten trage, kann es mir auch mit dem Glauben gehen: Weil er wenig benutzt wird, ist das Tragen gewöhnungsbedürftig und das Gehen kann beschwerlich sein.

Ich kann meinen Glauben aber auch tragen wie einen **Turnschuh** (*Turnschuh zeigen und herumgeben*). Man hat ihn immer an und merkt gar nicht, dass man ihn trägt. Er hat Löcher und ist abgenutzt. Dass er verschlissen ist, fällt nicht mehr auf, weil er so zu einem gehört wie die Füße. Wenn man aber gar nicht mehr merkt, dass man seine Turnschuhe trägt, dann gehen sie kaputt. Wenn Glauben für einen etwas Selbstverständliches wird, über das ich weder nachdenken noch reden muss, dann kriegt er Löcher und verschleißt sich wie der Turnschuh.

Aber man kann den Glauben auch tragen wie einen **Wanderschuh** (*Wanderschuh zeigen und herumgeben*). Doppelt genäht ist er, innen und außen mit Leder. Das ist ein kräftiger Schuh. Man weiß, wann man ihn braucht. Man braucht ihn für unterwegs auf unwegsamem Gelände, für schwierige Klippen und steile Hänge. Wenn es schwierig wird im Leben, ja dann braucht man den Wanderschuh. Dann zieht man ihn an und man wappnet sich. So ist es auch mit dem Glauben. Dann, wenn es schwierig wird, gibt es Menschen, die sich mit dem Glauben wappnen.

Aber vielleicht ist der Glaube, das Vertrauen auf Gott, wie ein schlichter **Straßenschuh** (*Straßenschuh zeigen und herumgeben*). Überall will er dabei sein. Er ist solide, er braucht aber auch Pflege. Überall brauche ich ihn. In den Höhen und in den Tiefen des Lebens, aber auch auf der Geraden, im Alltag und Einerlei des Tages. Er geht mit mir tagaus und tagein, ein Weg ohne ihn ist nicht zu denken. Vielleicht ist der Glaube so wie ein Straßenschuh, ein Weg ohne ihn ist nicht zu denken.

Ein Leben, das aus Glauben gelebt wird, ist ein sinnvolles und gutes Leben, auch wenn es nicht vor Schmerz, Leid und Kummer gefeit ist. Es ist ein Leben mit Gott. Viele Situationen und Erfahrungen verstehen wir nicht unmittelbar, immer wieder taucht die Frage auf, warum ist mir dies und jenes passiert? Oft wissen wir keine Anwort. Das Leben droht in Versatzstücke, in Bruchstücke auseinander zu brechen. Doch da, wo wir Gott in unser Leben einlassen, wo er wie ein Straßenschuh mit uns geht, bricht das Leben nicht auseinander. Gott ist es, der die Fäden des Lebens, auch meines Lebens, in den Händen hält. Er ist der »rote Faden« im Leben.

Ein Beispiel für ein Leben, das aus Glauben gelebt wird, wo der Glaube wie ein Straßenschuh mitgeht, ein Beispiel für ein Leben, wo der Glaube sich als »roter Faden« durch das ganze Leben zieht, ist das Leben der Amalie Sieveking.

Amalie Sieveking ist eine Frau, die viel bewegt hat, die aber in Vergessenheit geraten ist. Amalie Sieveking wurde vor mehr als 200 Jahren geboren, am 25. Juli 1794. Sie hatte eine sehr gute Schulausbildung. Das war für ein Mädchen der damaligen Zeit nicht selbstverständlich. Als 19-Jährige gründete sie eine kleine Schule. Sie bestand aus sechs Mädchen, die sie in allen Fächern unterrichtete. Amalie Sieveking ging es um die armen Leute. Sie sollten die Möglichkeit haben, etwas zu lernen, damit sie einen qualifizierten Beruf ergreifen konnten.

Amalie Sieveking, eine gut ausgebildete Patriziertocher, heiratete nicht. Sie saß lieber über Büchern als über Handarbeiten. Sie wurde weder Diakonisse noch Ehefrau. Sie suchte ihren eigenen Weg, um als Frau selbständig zu leben. Die Kraft bezog sie aus ihrem Glauben. Sie lebte anders als es den damaligen Vorstellungen von dem, wie eine Frau zu leben hat, entsprach. Eine Frau, die Entscheidungen traf, war den Menschen damals schnell verdächtig. Amalie Sieveking ließ sich von den Vorurteilen ihr gegenüber nicht beirren, sie half den Menschen, wo sie konnte. 1831 brach in Hamburg die Cholera aus und Amalie meldete sich sofort als Helferin. Bald wurde sie durch ihre pflegende Arbeit im Krankenhaus nach dem Ausbruch der Cholera zur pflegerischen Leiterin. Sie kümmerte sich aber weiterhin um die Ärmsten der Armen. An ihrem Wohlergehen und ihrer Bildung hing ihr Herz. Sie gründete einen Verein, den so genannten »Weiblichen Verein für Armen- und Krankenpflege«. Dort bildete sie Töchter mittelloser Eltern aus.

Amalie Sieveking hätte Oberin des Allgemeinen Hamburger Krankenhauses werden können, sie wurde zweimal aufgefordert, Vorsteherin am Mutterhaus in Kaiserswerth zu werden.

Beides lehnte sie ab. Wahrscheinlich wollte sie sich den Anfeindungen von außen einer leitenden Frau gegenüber nicht aussetzen. Sie wollte bei den Menschen sein und ihren eigenen Weg gehen, der in ihrem Glauben begründet war. Dieser Glaube leitete sie durch das Leben. Sie wollte sich für arme Menschen, vor allem für arme Mädchen einzusetzen. Da schlug ihr Herz. Diesen Menschen half sie, bei diesen Menschen blieb sie. Sie hat damit ihren Beitrag geleistet für die Gesellschaft von heute, in der wir leben. Amalie, so denke ich, trug ihren Glauben, um im Bild zu bleiben, wie einen Straßenschuh. Tagaus und tagein begleitete er sie. Er bestimmte ihr Leben. Ihr Glaube gab ihr die Kraft, in einer für ihre Zeit »frauenuntypischen« Art und Weise zu leben, und ebenso wiederum den Versuchungen von Karriere und Macht zu widerstehen. Die Menschen waren ihr Auftrag, ihnen, den armen Mädchen, blieb sie treu.

LIED: Wenn einer sagt, ich mag dich, du (EG Pfalz/Baden 655)

Vater unser

4. Austausch

Kaffeetrinken; Gespräch; Austausch (vgl. S. 12 f.)

5. Aktion/Anregungen

LIED: Ich möcht', dass einer mit mir geht (EG 209)
Damit aus Fremden Freunde werden (EG Pfalz/Baden 612; EG Württ. 657)

Das Thema des Nachmittags wird eingeführt:

Gibt es einen roten Faden in meinem Leben, kann ich ihn erkennen? War es der Glaube, der mich im Leben getragen hat, waren es meine Misserfolge, die mir den Weg wiesen oder war es etwas anderes? Die Spur unseres Lebens, können wir sie verfolgen, wenn wir zurückschauen? Heute Nachmittag werden wir es versuchen, indem wir das Symbol des roten Fadens aufgreifen und indem wir ein Lebenstagebuch beginnen.

MEDITATION:
Das Lebensbuch

Ich stelle mir vor, unser Leben wäre einem Lebensbuch vergleichbar, in dem alle Ereignisse unseres Lebens eingetragen sind.

Mit der Geburt wird unser Lebensbuch aufgeschlagen; mit dem Tode wird es geschlossen. Die dazwischen sich findenden Eintragungen beschreiben das individuelle Menschenleben.

Mit der Taufe ist unserem Leben gleichsam eine Widmung Gottes auf die erste Seite geschrieben: Gott will jede Lebensseite mit der Verheißung seiner gnädigen Gegenwart überschreiben (vgl. Jesaja 43,1; Ps 23,4).

Und die letzte Eintragung in unserem Lebensbuch wird nicht der Tod, sondern der lebendige Gott vornehmen. Er wird einst unser Lebensbuch neu aufschlagen.

Ich vergleiche unser Leben mit einem Tagebuch. Wenn man sich das Leben als ein Tagebuch vorstellt, dann ist dieses Buch von der Geburt an aufgeschlagen und jede Seite ist beschriftet. Jeder Tag Leben wird festgehalten. Mit dem Tod wird es geschlossen. Und zwischen Anfang und Ende finden sich viele beschriebene Seiten. Und die Eintragungen in diesem umfangreichen Tage- und damit Lebensbuch sind sehr unterschiedlich: Man kann an der Art der Eintragung erkennen, wie die Zeit gewesen ist, die durchlebt wurde.

Ich stelle mir vor, wir alle haben solch ein Lebensbuch. Und wir beschriften es Tag für Tag, indem wir leben. Für unser Lebensbuch gilt, dass keiner weiß, wie viele leere Seiten noch vor ihm liegen. Und wir wissen nicht, was auf den nächsten Seiten stehen wird.

In unserem Lebensbuch findet sich auch die Eintragung einer anderen Hand! Vorne, auf dem Deckel des Einbandes, da steht: »Fürchte dich nicht, denn ich habe dich erlöst; ich habe dich bei deinem Namen gerufen; du bist mein!«(Jesaja 43,1)

Wir entscheiden es, wie wir leben: Ob wir so leben, dass wir unser Leben aus eigener Kraft meinen meistern zu müssen, oder ob wir unser Leben aus Gottes Hand nehmen. Wenn ich mein Leben aus Gottes Hand nehme, dann steht über jeder Seite meines Lebensbuches: Mein Leben steht in Gottes Hand!

Arbeitsauftrag:
Ich habe Büttenpapier und Tintenstifte mitgebracht. Haben Sie Lust, eine Seite Ihres Lebensbuchs zu schreiben? Was war heute, wie ist es mir ergangen, was will ich nur meinem Tagebuch anvertrauen? Ein Tag in meinem Lebensbuch! Vielleicht beginnen Sie ab heute, Ihr Lebensbuch, Ihr Tagebuch zu schreiben.

Anschließend Austausch in Kleingruppen.

Lied: Nun schreib ins Buch des Lebens (EG 207,1.3)

Impuls:
Oft verstehen wir den Zusammenhang von Lebensereignissen nicht. Der Sinn des Lebens erschließt sich uns nicht automatisch. Gibt es so etwas wie einem »roten Faden« in meinem Leben, kann ich ihn erkennen?

Das Bild von »roten Faden« hat einen spannenden Hintergrund: Ariadne, eine griechische Göttin, machte den »roten Faden« bekannt. Darum sprechen wir auch vom Ariadnefaden. Die griechische Göttin Ariadne gab Theseus ein Garnkäul mit ins Labyrinth von Knossos auf der griechischen Insel Kreta. Theseus hatte die Aufgabe, ein Ungeheuer zu töten. Dieses Ungeheuer, der Minotaurus, wurde in einem Labyrinth gefangen gehalten. Immer wieder mussten dem Minotaurus

Jungfrauen zum Fraß geopfert werden. Darum wollte man das Ungeheuer töten.

Die meisten der Vorgänger des Theseus verirrten sich im Labyrinth und starben. Aber Theseus rettete der Faden das Leben. Im Labyrinth tötete er den Minotaurus. Aber nur durch das Aufrollen des Fadens, der den richtigen Rückweg markierte, konnte er aus dem Labyrinth wieder herausfinden.

Heute wollen wir dem »roten Faden« in unserem Leben nachspüren.

Ich habe für jeden von Ihnen ein kleines Stück »roten Faden« mitgebracht *(die Fadenstücke werden herumgegeben)*. Bitte überlegen Sie zuerst für sich allein: Erkenne ich einen »roten Faden« in meinem Leben? Bitte tauschen Sie Ihre Gedanken danach in Kleingruppen mit den Nachbarn aus.

6. Abschied

Tipps und Hinweise; Wochenpsalm; Lied (s. S. 13 f.)

Oktober

Auf die Einstellung kommt es an

1. Ankommen

Das Thema des Tages wird eingeführt:

»Alt-Sein ist gerade noch erlaubt, aber man sieht es nicht gerne«, witzelte der über 70-jährige Kabarettist Dieter Hildebrandt. Ob er Recht hat?

Viele ältere Menschen erleben das Altern negativ. Vor allem deshalb, weil in unserer Gesellschaft Jugend und Leistung zählen. Zum »alten Eisen« will niemand gehören.

Viele Ältere schwärmen deshalb von früher: »Damals, als ich jung war, ja da war alles in Ordnung.« Die Vergangenheit wird verherrlicht.

Die negative Folge davon ist oft, dass die Gegenwart nichts mehr wert ist: »Was soll ich jetzt noch, ich kann ja doch nichts mehr …«

Wie bei vielem im Leben, kommt es auf die Einstellung an, ob man es schafft, auch aus der dritten Lebensphase etwas zu machen und das Leben gut und zufrieden zu leben.

Lied: Das ist köstlich dir zu sagen Lob und Preis! (EG 284)

2. Anfangen

Abkündigungen; Gebet (vgl. S. 11 f.)

3. Andacht

»Und wenn sie auch alt werden, werden sie dennoch blühen, fruchtbar und frisch sein.« (Psalm 92,15)

Welch herrliche Zusage aus der Bibel! Alt werden und dennoch blühen und grünen, so sagen es andere Textstellen.

Wenn ich mit älteren Menschen spreche, höre ich aber in der Regel: Altsein ist nicht schön.

Auf die Frage, warum es nicht schön sei, heißt es dann, man ist einsam, man ist nicht mehr so gesund wie früher. Es ist so, als wenn sich eine lähmende Traurigkeit über alte Menschen ausgebreitet hat. Wenn man nachfragt, stößt man auf die Bilder und Geschichten der Vergangenheit, die das Leben eines Menschen im Alter oft stark prägen. Sie werden erzählt und bedacht unter dem Gesichtspunkt dessen, dass es damals noch gut und schön war, jetzt aber nicht mehr. Alles, was jetzt ist, wird an dem, was war, gemessen. Und dann ist das Jetzt eine traurige Angelegenheit! Damit legt sich der Schleier der Niedergeschlagenheit über die schönen Ereignisse, die in der Vergangenheit gewesen sind. Es wird bedauert, dass das, was war, nun nicht mehr ist.

In der »Unendlichen Geschichte«, die Michael Ende geschrieben hat, habe ich ein Bild dafür gefunden, wie alte Menschen mir erzählten, wie sie sich fühlen (vgl. Michael Ende, Die unendliche Geschichte, Stuttgart 1979). Die »Unendliche Geschichte« von Michael Ende spielt in Phantasien. Sie handelt davon, dass Phantasien und die kindliche Kaiserin, die dort regiert, krank sind. Phantasien und die Kaiserin sind vom Nichts bedroht. Das Nichts ist ein unendliches Loch, das alles frisst und das sich unaufhaltsam in Phantasien ausbreitet und damit dieses Land vernichtet. Wie dieses vernichtende Nichts aussieht, erfährt Atreju, die jugendliche Hauptperson in diesem Buch, als er auf Wesen trifft, die vom Nichts befallen sind. Es sind die Borkentrolle, die aussehen wie alte, knorrige Bäume. Einer ist nur halb, dem anderen fehlt ein Bein. Dieses Nichts, das sie befallen hat, wird sich ausbreiten.

Im Schlaf, durch einen Traum, erfährt aber Atreju letztendlich doch Hilfe. Er soll sich Rat holen von der uralten Morla, die älter ist als alle anderen Wesen in Phantasien. Sie wohnt in den Sümpfen der Traurigkeit. Rat wird Atreju also nur durch das älteste Wesen in Phantasien zuteil. Die alte Morla hat durch ihr langes Leben so viel gesehen, dass sie selbst im äußersten Fall Rat weiß. Es ist schwer zu ihr zu kommen, weil sie von den Sümpfen der Traurigkeit umgeben ist. Und so kämpft Atreju sich mit seinem Pferd durch diese Sümpfe.

Sein Pferd wird erfasst von dem Sog der Traurigkeit, es wird schwerer und immer schwerer und versinkt dann im schwarzen Gewässer dieser Traurigkeit. Atrejus Pferdchen kann sich gegen diese Strömung nicht wehren. Es kann plötzlich nicht mehr an die Rettung der kindlichen Kaiserin glauben, es hält alles für sinnlos. Der Sog der traurigen Gedanken hat Besitz von ihm ergriffen, macht es körperlich schwer, sodass es nicht mehr weiter kann in diesem Sumpf. Ein tödlicher Sog, diese Traurigkeit! Atreju, versehen mit einem Schutzzeichen der kindlichen Kaiserin, schafft es, nicht einzusinken, und er findet die uralte Morla. Die uralte Morla redet mit sich selbst und hat wenig Möglichkeiten, sich auf ein anderes Wesen zu beziehen. Als sie Atreju doch wahrnimmt, erklärt sie ihm, dass sie eigentlich schon viel zu viel gesehen hat. »Wenn du alt wärest wie wir, dann wüsstest du, dass es nichts gibt als die Traurigkeit.« Die uralte Morla weiß Rat, aber sie will ihn nicht sagen. Lähmung geht von ihrem Blick aus, ihr ist es egal, ob die kindliche Kaiserin gerettet wird oder nicht, ob sie und Atreju untergehen oder nicht.

Nur durch einen klugen Schachzug schafft es Atreju, der alten Morla das Geheimnis, ihren Rat zu entreißen. »Wenn es dir wirklich egal ist, dann kannst du es mir ja auch sagen!« So bearbeitete Atreju die uralte Morla. Darüber muss sie lachen und gibt Atreju den Hinweis, wie er es schaffen kann mit vielen Umwegen, die kindliche Kaiserin zu retten.

Diese phantastische Geschichte schildert recht plastisch, wie Traurigkeit lähmt, und Hoffnungslosigkeit eben auch körperlich schwer macht und einen mit der Unfähigkeit zu leben belegt. Im Gegensatz dazu steht für mich der Satz aus Psalm 92: »Und wenn sie auch alt werden, werden sie dennoch blühen, fruchtbar und frisch sein.« Um diesen Zuspruch aus der Bibel ernst zu nehmen, muss ich fragen: Wie kann ich kreativ mit meiner Vergangenheit umgehen? Wie ist es möglich, dass mir auch im Alter Kräfte zuwachsen und mich nicht all' das, was gewesen ist, lähmt? Wie schaffe ich es, dass ich mit meinen Gedanken nicht nur an der Vergangenheit hänge und nur die Vergangenheit als schön empfinde? Wie kann ich die Vergangenheit nicht nur als etwas erleben, was schön war, was aber längst vorbei ist, was jetzt im Alter nicht mehr da ist?

Victor E. Frankl, der 1997 verstorbene, sehr bekannte Psychiater, setzt dem etwas entgegen:

»Für gewöhnlich sieht der Mensch nur das Stoppelfeld der Vergänglichkeit; was er übersieht, sind die vollen Scheunen der Vergangenheit. Im Vergangensein ist nämlich nichts unwiederbringlich verloren, vielmehr alles unverlierbar geborgen. Nichts lässt sich aus der Welt schaffen, was einmal geschehen ist; kommt nicht alles nur umso mehr darauf an, dass es in die Welt geschaffen wird?«

Die Vergangenheit ist unverlierbar. Die vollen Scheunen der Vergangenheit sind eigentlich unser reiches Gut, das uns im Alter tragen kann. Ein Schatz, ein Vorrat, den uns niemand nehmen kann, der im Augenblick trägt, der aber auch dann trägt, wenn ich selber im Leben nicht mehr aktiv tätig sein kann, sondern durch Krankheit oder Schwäche nur noch passiv am Leben teilnehmen kann.

Begreift man die eigene Vergangenheit so, dann kann man mit den alten Bildern sorgsam umgehen, sie hegen und pflegen, sich erinnern. Aber man lässt die Vergangenheit dann nicht zum Maßstab des jetzigen Lebens werden. Gerade mit dem Schatz dieser Vergangenheit kann ich frei werden für die Gegenwart, für das Jetzt, für das, was ich jetzt noch kann.

Vielleicht kann ich jetzt erst meine Augen nach vorne richten und sehen, wo ich noch gebraucht werde, wer alles auf mich wartet. Bisher hatte ich den Blick ja in die Vergangenheit gerichtet und das hat mich gelähmt. Ich konnte gar nicht nach vorne sehen, auf die Menschen und die Situationen, die mich brauchen.

Mit der Vergangenheit als unverlierbarem Schatz im Rücken, kann ich nun frei werden, den Blick nach vorne zu wenden:

Da gibt es noch so vieles, was möglich ist im Alter. Da gibt es noch so viele Menschen, die die Erfahrung alter Menschen, die ihr Zuhören und ihr Erzählen gebrauchen können.

Die uralte Morla in der Geschichte von Michael Ende hatte die wichtigste Aufgabe im ganzen Buch, die es überhaupt gab. Sie war die Einzige, die den Rat für die Rettung Phantasiens vor dem Nichts bereit hatte. Nur war sie so versunken in ihrem Sumpf der Traurigkeit und der Hoffnungslosigkeit, dass sie ihn schon gar nicht mehr geben wollte. Aber ich betone es noch einmal, sie, diese uralte Morla, war die Einzige, die helfen konnte. Und ich denke, das kann man auf heute übertragen: Wir brauchen die alten Menschen, ihre Erfahrung, ihre Weisheit, ihre Kreativität, ihr Wissen um Tod und Leben, um Freude und Liebe.

Und welche Rolle haben die jungen Menschen den Alten gegenüber?

Auch hier ist das Bild von der uralten Morla hilfreich. Atreju, der junge Held, hat die Aufgabe, dieses Wissen der alten Morla zu erlangen. Er muss sich bemühen, ihr Wissen zu erfahren. Das ist nicht leicht für ihn, aber es ist seine Aufgabe als junger Mensch, hier richtig mit diesem alten Wesen umzugehen, damit die alte Morla bereit wird, ihren Rat abzugeben. Und der junge Atreju schafft es dann ja auch. »Wenn es dir wirklich egal ist, dann kannst du mir ja den Rat auch geben.« Und da lacht die alte Morla und sie gibt ihm den entscheidenden Tipp.

Es ist wichtig, dass junge Menschen heute erkennen, wie wichtig und wesentlich die ältere Generation für uns ist. Jeder alte Mensch trägt die Wurzeln der jungen Menschen in sich. Alte Menschen sind unsere lebendige Geschichte. Ohne sie, ohne unsere Wurzeln, können wir nicht leben. Sie sind die gelebte Geschichte unserer Vergangenheit. Deshalb ist es die Aufgabe der jungen Generation, die Älteren richtig zu fragen, dass sie uns ihre Antworten auf Lebensfragen auch geben.

Ein alter Mensch hat viel vom Leben gesehen. Er kann sicher hilfreiche und gute Antworten auf viele Fragen geben. Nur stellen wir oft Fragen, die nicht zu den Antworten passen, die die alten Menschen uns geben können.

Die jüngere Generation hat die Aufgabe, die richtigen Fragen zu stellen, auf die die Antworten passen. Vielleicht können wir spezielles Computerwissen bei älteren Menschen nicht erwarten, aber sie sind lebenserfahren, sie können uns sagen, wie sie mit dem Leben, mit dem Leid, dem Sterben, aber auch mit den guten Tagen umgegangen sind. Wie haben sie persönliche Schicksalsschläge verkraftet, wie verarbeiteten sie Kriege und Katastrophen? Aus diesen Antworten der alten Menschen können junge Menschen für ihr Leben lernen.

»Und wenn sie auch alt werden, werden sie dennoch blühen, fruchtbar und frisch sein.«

Wenn man diesen Satz der Bibel ernst nimmt, so bedeutet das, dass Menschenalter, Jugend, Erwachsenenalter, Greisenalter keine Rolle im Leben eines Menschen spielen. Wichtig im Leben ist eigentlich nur die Beziehung zu Gott. Ein Alter an sich gibt es sowieso nicht. Jeder Mensch altert anders und eigentlich fängt unsere Zeitlichkeit, unsere Vergänglichkeit, unser Altern ja mit der Geburt an. Von Alter sprechen wir in der Regel dann, wenn die Gebrechen anfangen und wenn das Leben beschwerlich wird. Wie schön ist es dann zu wissen, dass das nicht das Eigentliche unseres Lebens ist, sondern das Eigentliche des Lebens die Beziehung zu Gott ist. Die Beziehung zu Gott ist entscheidend.

Es gibt in der Bibel viele Beispiele, die erzählen, wie die Beziehung zu Gott im Alter getragen hat. Viele Geschichten der Bibel erzählen, dass Gott im Alter für die Menschen noch wichtige und entscheidende Aufträge bereit hielt. Ein Sinnbild für das oben Gesagte sind für mich Elisabeth und Maria:

Elisabeth, diese alte Frau, die mit dem an Jahren reichen Zacharias verheiratet war, empfängt ein Kind. Sie soll Johannes, der später der Täufer genannt wird, auf die Welt bringen. Maria, diese junge Frau, bekommt ein Kind, Jesus, der später Christus genannt wird. Den beiden Frauen sind hier Kinder anvertraut worden, die später in Gottes Auftrag handeln sollen. Nach dem Alter dieser beiden Frauen wurde nicht gefragt. Die junge Maria und die ältere Elisabeth sind aneinander gewiesen um der Sache willen. Ihre beiden Kinder werden Aufgaben Gottes erfüllen. Die Verkündigung der Barmherzigkeit Gottes und seine Liebe verbindet diese beiden Frauen. Ihre Aufgabe ist es, an Gottes Welt mitzuwirken, indem sie diese Kinder, die Gott ihnen gegeben hat, zur Welt bringen. Das Lebensalter ist unwichtig. Die Aufgabe, die Gott gegeben hat, ist im Leben entscheidend.

Zwischenimpuls:
Das Lied »Alte mit den Jungen« (EG 338) wird als Kanon gesungen.

Ein zweites biblisches Beispiel für Menschen, denen im Alter noch wichtige Aufgaben übertragen werden, sind der alte Simeon und die Prophetin Hanna (Lukas 2,22ff.). Die beiden hochbetagten Menschen, denen prophetische Aufgaben zugetraut waren, müssen im hohen Alter diesen Auftrag erfüllen. Sie haben die Aufgabe, den Eltern, Maria und Josef, den Auftrag Jesu zu verdeutlichen. Sie sagen den Eltern, dass dieser Jesus der Heiland der Welt sein wird, das Licht der Völker, sie bekennen das vor den Eltern und vor der Öffentlichkeit im Tempel. So öffnen sie den Menschen die Augen.

Ein Beispiel unserer Zeit sei hier nur kurz angedeutet. Ein Theologe des letzten Jahrhunderts, Paul Tillich, hat in späten Jahren in prophetischer Weise das Gespräch zwischen Gesellschaft, Politik und Theologie eröffnet. Seine späten Gedanken und Visionen sind richtungsweisend für das theologische Gespräch heute.

»Und wenn sie alt werden, werden sie dennoch blühen, fruchtbar und frisch sein.« Welch herrliche Zusage. Daran können wir uns halten.

Lied: Bis hierher hat mich Gott gebracht (EG 329)

Vater unser

4. Austausch

Kaffeetrinken; Gespräch; Austausch (vgl. S. 12f.)

5. Aktion/ Anregungen

Lied: Meine Zeit steht in deinen Händen (EG Pfalz/Baden 644; EG Württ. 628)
Ich möcht', dass einer mit mir geht (EG 209)

Der Ablauf des weiteren Nachmittags wird vorgestellt:

Der heutige Nachmittag steht unter dem Motto: »Auf die Einstellung kommt es an …«

Wie ich im Leben mit Schicksalsschlägen umgehe, hängt größtenteils von mir ab. Ich kann klagen und ein ganzes Leben über etwas trauern oder ich versuche, damit umzugehen und immer wieder neu zu beginnen. Dann sehe ich auch die Zeiten der Trauer als Reifungszeiten an, die nicht umsonst gelebt wurden.

Ein Beispiel für eine Lebenssicht, die vom Wandel bestimmt ist, bei der sich in jeder Phase Leben entwickelt, ist der Schmetterling. Um ihn soll es heute gehen. Wir wollen seine Lebensstadien in der Meditation nachvollziehen. Anschließend werden wir Schmetterlinge falten. Für die, die keine Schmetterlinge falten möchten, gibt es die Möglichkeit, sich mit Texten zum Thema auseinander zu setzen.

Impuls:
Meditation:
Der Schmetterling

Das Leben eines Schmetterlings: Sein Leben beginnt als Ei. Im Ei ist der ganze Schmetterling angelegt. Auch das Leben der Menschen beginnt im Kleinen. Doch der Mensch, die Person, die sich einmal entwickeln wird, ist von Anfang an angelegt. Auch der Mensch macht viele Stadien im Leben durch, verwandelt sich und reift. Auf das Ei folgen die Raupe, dann die Puppe und der Falter.

Die vielgestaltigen Raupen haben kauende Mundwerkzeuge, kurze Fühler, meist sechs Punktaugen. Sie sind oft bunt, glatt oder haben Warzen, Dornen, Haare. Die Raupen leben meist von Blättern, Früchten und Samen. Das Stadium der Raupe: Ent-falten, sich ent-wickeln. Denken sie an Ihr Leben, wann und wo gab und gibt es solche Phasen der Entfaltung und Entwicklung? *(Zwei Minuten Stille)*

Die Puppen nun, das nächste Entwicklungsstadium des Schmetterlings, ruhen in einem von der Raupe gesponnenen Kokon im Boden oder hängen mit einem Spinnfaden an Bäumen, Büschen oder an Steinen.

Ja, diese Phasen gab es auch in Ihrem Leben. Zeiten, in denen sich nichts tat, nichts vorwärts ging. Vielleicht waren es auch nötige Ruhephasen, Schutz- und Wandlungsräume … *(Zwei Minuten Stille)*

Nun ist er da, dieser große, schöne, farbige, bewegliche Schmetterling! Mit den Facettenaugen kann er Farben wahrnehmen, er hört auch gut. Größe, Gestalt und Färbung der Schmetterlinge sind sehr unterschiedlich. Jeder ist anders. Lebenslust und Farbigkeit verkörpern sie. Wer den Weg mitgeht im Leben zwischen »aktiv sein« und »auf der Stelle treten«, zwischen Raupe und Puppe, der reift und entfaltet sich zum lebendigen Schmetterling.

Arbeitsauftrag:
Sie haben in Form geschnittenes farbiges Papier (siehe Materialteil S. 146) vor sich liegen. Wir falten es in kleinen Falten zu einem Schmetterling. In der Mitte wird er dann mit Bändchen zusammengebunden. Der Schmetterling kann dann beispielsweise an einem Zweig oder am Fenster aufgehängt werden.

Impuls:
Die »Lebensregeln« (siehe Materialteil S. 147 f.) werden vorgelesen und wir diskutieren in der Gruppe vertiefend darüber.

Impuls:
In der Andacht haben wir von der hochbetagten Prophetin Hanna gehört. Wie hat Hanna wohl gelebt? Was hat sie gefühlt und gedacht?

Plenumsgespräch: Das Gedicht »Hanna« (siehe Materialteil S. 149) wird als Kopie ausgeteilt und vorgelesen. Es regt an, über das eigene Leben nachzudenken. Die Teilnehmenden haben die Möglichkeit, ins Gespräch zu kommen.

Impuls:
Abschließend können Sie die Gedanken, die Sie vom heutigen Nachmittag mitnehmen wollen, auf die ausgeteilten Blätter notieren, unter dem Motto:

»Auf die Einstellung kommt es an …« *(»Herbstblätter« werden ausgeteilt; siehe Materialteil S. 150)*

6. Abschied

Tipps und Hinweise; Wochenpsalm; Lied (s. S. 13 f.)

November
Mitten wir im Leben sind mit dem Tod umfangen

1. Ankommen

Das Thema des Tages wird eingeführt:

Der November steht im Zeichen des Totengedenkens. Volkstrauertag, Ewigkeitssonntag, Allerseelen. Wir besuchen den Friedhof und schmücken die Gräber. Auch das Thema Tod ist uns in diesem Monat meist näher als in anderen Jahreszeiten. Über den Tod nachzudenken ist schwierig, vor allem in einer Gesellschaft, in der Tod, Leid und Krankheit oft tabuisiert werden. »Darüber spricht man nicht.« Die Frage nach dem Tod ist eigentlich ein Lebensthema. Wie lebe ich mein Leben angesichts der Tatsache, dass es begrenzt ist? Wie gehe ich mit mir und meinem Leben um?

Eine zweite Frage stellt sich uns als Christinnen und Christen noch: Was haben wir dem Tod entgegenzusetzen – was tröstet uns?

Lied: Mitten wir im Leben sind (EG 518)

Gebet:

Gott, wir sind zu dir gekommen. – Viele Gedanken und Fragen haben wir gerade in diesem dunklen Monat November. Hilf, dass wir Klärung finden und gib Wegzehrung für die nächste Woche.

Wir denken an die Verstorbenen des vergangenen Jahres. Das Erinnern ist schmerzhaft. Viel haben wir verloren. Begleite du uns in dieser Zeit. Gott, gib, dass wir verstehen, was du uns sagst.

Deine Liebe stärke unsere Herzen, dein Geist belebe uns, deine Hoffnung trage uns. Amen

2. Anfangen

Abkündigungen; Gebet (vgl. S. 11 f.)

3. Andacht

Kennen Sie das Märchen vom Gänsehirten? Er wohnt am Fluss und kümmert sich um seine Gänse, wie es seine Aufgabe war. Auf der anderen Seite des Flusses ist das Reich des Todes, dort wohnt der Tod. Tagtäglich sieht er hinüber. Und er erlebt dann auch mit, wenn der Tod herüberkommt auf die andere Flussseite in das Reich der Menschen. Er geht zu den Menschen und sagt: »Kommt mit!« Im Gefolge des Todes müssen sie dann über den Fluss ziehen: Der Reiche, der von seinen Reichtümern nicht lassen kann, zetert und schreit. Der junge Mann, der gerade erst geheiratet hat und nicht weg möchte von seiner Liebsten, klagt lauthals sein Leid. Die ältere Frau, der das Leben alles in allem zu wenig war, sie weint.

Eines Tages nun kommt der Tod auch zum Gänsehirten und sagt zu ihm: »Komm mit!« Der Gänsehirt legt seinen Hut, seinen Mantel und seinen Stock ab und folgt dem Tod hinüber auf die andere Seite des Flusses. Er hat keine Angst, denn jeden Tag hat er hinübergeblickt in dieses fremde Land des Todes. Es ist ihm vertraut geworden. Er geht mit, ruhig, ohne zu klagen. Er weiß sich in Gott geborgen.

Der Tod und das Land des Todes waren dem Gänsehirten vertraut. So wird es im Märchen erzählt. Er konnte angstfrei sein Leben loslassen und mitgehen, denn das andere Land, das Land des Todes jenseits des Flusses war ihm nicht fremd. Jeden

Tag hatte er hinübergesehen, tagtäglich hat er sich damit auseinander gesetzt.

Es ist November. Volkstrauertag und Ewigkeitssonntag prägen das Gesicht dieses Monats. Ein Monat, an dem viele von uns die Gräber der Verstorbenen besuchen. Ein Monat, an dem uns die Gedanken an den Tod näher sind als sonst. Und doch ist uns der Tod heute fremd geworden. Wir sind ihm nicht so nahe wie der Gänsehirt in der Geschichte. Der Tod findet heute in der Regel im Krankenhaus statt. Dann können die Angehörigen den Tod des anderen oft nicht miterleben, oft wollen sie es auch nicht. Manchmal ist ein Abschiednehmen gar nicht mehr möglich. Heute bemühen sich Menschen darum zu lernen, Sterbende zu begleiten. Es ist offensichtlich nötig geworden, dass wir dieses verschüttete Wissen wieder neu entdecken und für uns fruchtbar machen, dass wir erleben, dass es unsere Aufgabe ist, als Lebende die Sterbenden zu begleiten. Nur so werden wir den Tod als zum Leben gehörend begreifen.

Tod und Leben gehören zusammen. Die Menschen, die wie meine Großmutter um den Ersten Weltkrieg herum lebten, wussten noch, dass Tod und Leben zusammengehören. In Ostpreußen zum Beispiel war es üblich, Kinder, die in eine Großfamilie hinein geboren wurden, über dem Sarg zu taufen, wenn in der Zeit, als die Taufe anstand, einer aus der Familie starb. Die Taufe wurde vom Pfarrer während der Beerdigung über dem Sarg vollzogen: Tod und Leben gehören zusammen. An diesem Ritual kann man das sinnbildlich sehen. In einem Gesangbuchlied heißt es: »Mitten wir im Leben sind mit dem Tod umfangen.«

Wir haben das Wissen, dass der Tod zum Leben gehört, verloren. Uns ist heute nicht mehr klar, dass wir mitten im Leben vom Tod umfangen sind. Der Tod, so scheint es, findet woanders statt, außerhalb unseres Lebens, in bestimmten, dafür gedachten Räumen. Zum Beispiel im Krankenhaus oder im Hospiz. Weil der Tod nicht mehr zu unserem Leben zu gehören scheint, wird die Angst vor dem Sterben bei uns größer. Je weniger wir den Tod als zum Leben gehörig betrachten, desto größer wird die Angst vor ihm.

Angst vor dem Tod stiehlt Lebenszeit. Die Angst vor dem Sterben, vor dem Tod, verhindert, dass Menschen ihr Leben wirklich leben können. Und die Angst vor dem Tod entsteht dadurch, dass wir den Tod aus unserem Leben ausgegliedert haben. »Wenn die Menschen wüssten, was der Tod ist, hätten sie keine Angst vor ihm, wenn sie keine Angst vor ihm hätten, könnte ihnen niemand mehr die Lebenszeit stehlen.« So sagt es Momo in Michael Endes gleichlautender Erzählung. Es geht darum, den Tod als zum Leben gehörig zu akzeptieren. Die Angst vor dem Tod kann uns nämlich Lebenszeit stehlen. Sie verhindert, dass man unbeschwert lebt. Die Angst lähmt. Dadurch kann es vieles in unserem Leben geben, was ungelebt bleibt, in dem viele Möglichkeiten eines Menschen nicht gelebt werden, obwohl sie da wären.

Ein solcher Mensch, bei dem vieles ungelebt blieb, ähnelt den Menschen aus dem Gleichnis mit den Talenten. Jesus erzählt von einem Gutsbesitzer, der seinen Knechten Säcke mit Talenten, das heißt mit Geld anvertraut, weil er verreisen muss. Der eine bekommt einen Sack und vergräbt diesen Sack mit Geld auf einem Acker, der andere bekommt drei Säcke. Er geht hin und lässt das Geld arbeiten, und er bekommt das Doppelte. Derjenige, der die meisten Säcke mit Geld bekommen hat, verdreifacht gar sein Vermögen. Als der Gutsbesitzer zurückkommt und nach dem in Obhut gegebenen Geld fragt, müssen alle Rechnung ablegen, was sie mit den Geldsäcken gemacht haben. Gelobt wird vom Gutsbesitzer der, der viel aus dem gemacht hat, was er bekommen hat.

Gott hat uns Menschen viele Möglichkeiten und Fähigkeiten, er hat uns viele Talente mitgegeben. Ich meine, wir haben die Verpflichtung, aus dieser Mitgift etwas zu machen. Wer seine Anlagen nicht entwickelt, läuft Gefahr, ein nicht gelebtes Leben zu leben. So bleibt vieles ungelebt. Wie soll man da vom Leben lassen können, Abschied nehmen und eines Tages sterben?

Sterben können hat mit leben können zu tun. Gelebt zu haben bedeutet, Fähigkeiten zu entwickeln, die uns mitgegeben sind, genossen, geliebt und gelitten zu haben. Aber auch wenn man sich um gelebtes und gereiftes Leben bemüht hat, bleibt ein Rest. Wie vieles bin ich schuldig geblieben im Leben: mir selbst, meinen Anlagen gegenüber, anderen gegenüber, die mich brauchten, denen ich aber nicht gerecht geworden bin, der Welt gegenüber, die auf meinen Einsatz gewartet hat. Viel Ungelungenes und Bruchstückhaftes gibt es in jedem Leben. Schuld, die nicht zu tilgen ist, von der mich kein Mensch freisprechen kann.

Gott macht neu. »Und ich sah einen neuen Himmel und eine neue Erde; denn der erste Himmel und die erste Erde sind vergangen, und das Meer ist nicht mehr. Und ich sah die heilige Stadt, das neue Jerusalem, von Gott aus dem Himmel herabkommen, bereitet wie eine geschmückte Braut für ihren Mann. Und ich hörte eine große Stimme von dem Thron her, die sprach: Siehe da, die Hütte Gottes bei den Menschen! Und er wird bei ihnen wohnen, und sie werden sein Volk sein, und er selbst, Gott mit ihnen, wird ihr Gott sein; und Gott wird abwischen alle Tränen von ihren Augen, und der Tod wird nicht mehr sein, noch Leid noch Geschrei noch Schmerz wird mehr sein; denn das Erste ist vergangen. Und der auf dem Thron saß, sprach: Siehe, ich mache alles neu! Ich bin das A und das O, der Anfang und das Ende. Ich will dem Durstigen geben von der Quelle des lebendigen Wassers umsonst. Wer überwindet, der wird es alles erben, und ich werde sein Gott sein, und er wird mein Sohn sein.« So heißt es in der Offenbarung des Johannes.

Neu wird es sein, mein Leben, ganz und heil – das jubelt dieser herrliche Text mir entgegen. Meine Trauer, mein Versagen, meine Angst und meine Schuld darf ich in Gottes Hände legen – er macht mein Leben neu, ganz und heil, wenn ich darum bitte und am Ende aller Zeiten. Mit dieser jubilierenden Zuversicht kann ich leben, denn ich weiß, auch im Tod bin ich aufgehoben bei Gott. Er ist meine Zukunft. Er wird mir alles in allem sein, A bis Z, Anfang und Ende. Eine herrliche Vision!

Eine Vision, die kein Traum bleibt, denn wenn ich dieses Bild, das mir Hoffnung vermittelt, in mein Leben mit hineinnehme, dann wirkt diese Vision schon heute in mein Leben hinein.

Gott ist da, im Leben und im Sterben. Gott ist bei mir im Leben und im Sterben. Ich bin geborgen bei ihm. Diese Vision befreit mich zum wirklichen Leben, heute, hier und jetzt. Eine Vision, ein Traum befreit. Da kann man fragen: Wie geht denn das? Ich denke, Menschen brauchen Utopien zum Leben. Utopien erhalten Leben, schaffen Zukunft.

Der 1997 verstorbene Psychiater Victor E. Frankl berichtet aus seinem Leben in einem kleinen Buch mit dem Titel: »Trotzdem Ja zum Leben sagen«. Er hat die Zeit des Nationalsozialismus in Deutschland als Jude unter extremen Bedingungen, unter anderem im KZ, miterlebt.

Er beschreibt, was ihm dort zum Leben blieb: gar nichts, nur sein schmutziger, dreckiger Körper, der nachts auf dem harten Lager und wegen des Ungeziefers keine Ruhe findet und tagsüber durch Schwerstarbeit geplagt wird. Nichts hat er mehr, auf nichts kann er sich verlassen; und trotzdem gibt er nicht auf. Er beschreibt, wie andere Kameraden sich daran festhalten, dass in wenigen Wochen Weihnachten sein wird, und dass sie an Weihnachten freigelassen werden. Es ist eine Idee, ein Gedanke, der sich in ihren Köpfen festsetzt. Als Weihnachten nahte und als die Feiertage dann da waren, sich aber nichts an der Situation im Lager änderte, starben viele seiner Kameraden. Er führte das darauf zurück, dass sie ihre ganze Kraft auf dieses fiktive Datum gerichtet hatten, und ihre Kraft zu überleben erlosch mit Weihnachten. Sie haben sich Illusionen gemacht.

Frankl dagegen sah in dieser Zeit vor sich, wie er in seinem Beruf als Psychiater weiter arbeitete und in großen Sälen Vorträge hielt. Ja, sein Geist wanderte in diese Welt der Zukunft und er hatte das Gefühl, dies sei schon Wirklichkeit. Seine Vision war nicht abhängig von einem Zeitpunkt. Dieser Mann behauptet, dass diese Utopie ihn am Leben erhalten hat.

Menschen brauchen Visionen, Utopien zum Leben. Die Kraft des menschlichen Geistes ist es, die diese Utopie trägt. Und für Frankl ist der menschliche Geist nicht losgelöst von Gott zu verstehen.

Die Vision aus der Offenbarung, dass Gott uns einen neuen Himmel und eine neue Erde verspricht, dass er bei uns wohnen wird, dass er abwischen wird alle Tränen und dass Tod, Leid und Schmerz nicht mehr sein werden, diese Vision hilft mir jetzt zu leben. Der Sorge um die Zukunft bin ich enthoben. Wenn ich so lebe, wie ein Kind spielt, wenn ich alles um mich herum vergesse und in jedem Augenblick nur das tue, was in meinem Leben gerade dran ist, ich denke, dann lebe ich richtig. Mich ganz vergessen können bei den Aufgaben des Tages, die vor mir liegen, das ist intensiv gelebtes Leben.

Woher weiß ich aber, welche Aufgaben ich für den Tag habe, was Gott von mir will? Ich glaube, die Antwort darauf kommt, wenn ich befreit worden bin, diese Frage zu stellen, wenn ich nicht um meine Zukunft nach diesem Leben bangen muss, wenn ich mein Dasein nicht mit Gütern schützen muss. Dann kann ich jeden Tag fragen, wo werde ich heute am nötigsten gebraucht, was von diesen Dingen, die ich tun wollte, kann ich sein lassen, denn ein anderer braucht mich. Der andere Mensch, der mich braucht, geht vor, nicht die Pflicht im Haushalt oder im Beruf.

Die orthodoxe Kirche kennt die Ikonen. Es sind wunderbare Bilder, mit einem goldenen Hintergrund. Vor diesem goldenen Hintergrund sind Heilige oder biblische Gestalten dargestellt. Die Ikone ist so etwas wie das Fenster zum Himmel. Sie verbindet Mensch und Gott. So symbolisiert das Gold im Hintergrund des Bildes das neue Leben, von dem die Offenbarung spricht. So wie dieser Goldgrund zur Ikone gehört, gehört dieses neue Leben, dieses ewige Leben, auch zu unserem Leben heute schon dazu. Es scheint durch das »Fenster des Himmels« in unser Dasein hinein. Wenn das neue, das ewige Leben so in mein Leben hineinscheint, entlastet es mich von jeder Zukunftssicherung.

Es gibt meinem Leben aber auch Ernsthaftigkeit. Jeden Augenblick trage ich vor Gott Verantwortung, mich zu bemühen, in meinem Leben recht und richtig zu handeln.

Vielleicht könnte man auf die Idee kommen, dann im Leben eigentlich gar nichts mehr zu tun. Denn es erscheint als schwere Bürde, sich in jedem Augenblick der Ernsthaftigkeit des Anspruchs Gottes klar zu werden, das heißt, richtig und verantwortungsbewusst zu handeln. Das wäre aber sicher der falsche Schluss.

In einem Traum hatte ein Mensch folgendes Erlebnis: Er erschien vor dem Gericht des Herrn und sprach: »Siehe, Herr, ich habe dein Gesetz beachtet, habe nichts Unrechtes, Böses oder Frevelhaftes getan. Herr, meine Hände sind rein.« Gott antwortete: »Ohne Zweifel, aber sie sind auch leer.« Aus diesem Traum wird deutlich, dass wir durchaus auch beim Nichtstun schuldig werden. Indem wir Dinge zulassen, die nicht richtig sind und indem wir das Notwendige unterlassen. Unser verantwortungsbewusstes und befreites Handeln ist gefragt. Es entspringt daraus, dass Gottes Ewigkeit schon in unsere Zeit eingebrochen ist, so wie das auf den Ikonen dargestellt wird. Die Ewigkeit Gottes ist wie das Gold im Hintergrund der Ikone bereits da, verbindet Gott und Mensch.

Als Christinnen und Christen ist unser Engagement, unsere Parteilichkeit in der Welt gefordert. Wir sind gefragt nach unserer Einstellung, nach unserem Glauben, nach unserem Leben. Hier müssen wir Antwort geben und handeln. Alles Handeln birgt in sich, dass wir Fehler machen. Das müssen wir in Kauf nehmen, meine ich. Schuldig werden gehört zum Leben dazu. Und für all das, was wir falsch machen im Leben, erhoffen wir von Gott Vergebung. Christinnen und Christen sind Menschen in der Welt, die sich nicht absichern müssen, die sich nicht Gedanken machen müssen darüber, was nach ihrem Tod folgt. Sie kennen, wie der Gänsehirt aus dem eingangs erzählten Märchen, in gewisser Weise das Land des Todes. Sie wissen, dass sie sich nicht zu ängstigen brauchen. Sie wissen, sie sind im Leben wie im Sterben in Gott geborgen. Aus dieser

Sicherheit heraus können sie sich frei engagieren in dieser Welt, Stellung beziehen dort, wo keiner sich traut, das zu tun, was nötig ist.

GEBET:
Gott, immer wieder gibst du uns neues Leben. Jeder und jede hat ihren Auftrag an dieser Welt, jeden Tag hältst du Aufgaben für uns bereit. Hilf, dass wir sehen, was wir tun sollen, und gib die Kraft, dass wir das, was nötig ist, auch tun können.

Manchmal sehen unsere Träume und Wünsche ganz anders aus, als das, was du uns aufgibst. Dann ist es gut, wenn du uns sagst: Sei getrost, Mensch und fürchte dich nicht, geh deinen Weg, ich bin bei dir.

Immer wieder gibt es auf dem Weg, den du uns aufgibst, Augenblicke, in denen wir nicht weiter wissen. Unser Blick ist verstellt, wir sehen nur Schuld und Versagen. Dann ist die Hoffnung verloren gegangen und die Angst drückt uns zu Boden. Dann ist es gut, wenn wir deine Stimme hören, die sagt: Sei getrost, Mensch und fürchte dich nicht, geh deinen Weg, ich bin bei dir. Amen.

LIED: Wer weiß, wie nahe mir mein Ende! (EG 530,1-3)

4. Austausch

Kaffeetrinken; Gespräch; Austausch (vgl. S. 12 f.)

5. Aktion/Anregungen

LIED: Wer weiß, wie nahe mir mein Ende! (EG 530, 7.8)

Der Ablauf des weiteren Nachmittags wird vorgestellt:

Wir haben »Wer weiß wie nahe mir mein Ende!« gesungen. Welche Gedanken und Gefühle haben wir, wenn wir an den Tod denken? Menschen aus unserer Mitte sind gestorben. Ist der Tod Ende und Aus oder Anfang von neuem Leben? Wie trösten wir uns, wenn jemand, der uns nahe stand, stirbt?

Impuls:
Bitte schauen sie sich die Karikatur an. Was löst das in Ihnen aus? *(Karikatur herumgeben, siehe Materialteil S. 151)* Wir bilden Murmelgruppen und tauschen uns über die Karikatur aus.

Impuls:
Mögen Sie darüber nachdenken, wie Ihre Beerdigung aussieht? Welche Lieder wollen Sie, welchen Bibeltext? – Wir sprechen darüber in Kleingruppen.

Impuls:
Eine Untersuchung unter Jugendlichen darüber, wie sie zu Tod und Leben stehen, fragte: Was würdest du tun, wenn du noch einen Tag zu leben hättest?« – Was würden Sie sagen, wenn man Sie das fragen würde? Austausch in Kleingruppen.

Arbeitsauftrag:
Was tröstet angesichts des Todes in der Welt? Gibt es Tröstliches in der Bibel, kennen Sie Trostgeschichten aus Ihrem Leben?

Im Plenum erzählen wir uns Trosterlebnisse und Trostgeschichten.

Impuls:
Das Gedicht »Nicht mutig« von Marie Luise Kaschnitz (s. Materialteil S. 152) wird vorgelesen. Wir kommen ins Gespräch darüber.

Lied: Christ ist erstanden (EG 99)

6. Abschied

Tipps und Hinweise; Wochenpsalm; Lied (s. S. 13 f.)

Dezember
Gott findet uns

1. Ankommen

Nach dem Begrüßungsteil wird das Thema des Tages eingeführt:

Weihnachten, Gott wird Mensch, einer von uns. Als hilfloses, kleines Kind begegnet er uns. Er sucht uns auf, da wo wir sind, er berührt uns mit seinem Wort. Er will uns zu ihm bewegen. Sind wir empfänglich, können wir hören? Wie findet uns Gott heute – wo finden wir ihn? Merken wir seine Berührung? Wie können wir antworten? So wie es die Hirten mit Loben getan haben. Sie stellten fest: Alles war so, wie es die Engel angekündigt hatten. – Gott hat Recht. – Sie dankten ihm und lobten ihn. Gott loben, jeden Tag. Haben wir das verlernt? Gott loben ist mehr als »Halleluja« singen, wie es vom Bayer, der im Himmel auf einer Wolke sitzt, berichtet wird.

Gott loben ist vielmehr eine Lebenshaltung, sie bestimmt, wie wir mit dem Alltag umgehen und wie wir den Tag sehen. Gott loben, jeden Tag, hat reinigende, heilende Kraft. Können wir diese Lebenshaltung wiederfinden?

Lied: Ich steh an deiner Krippen hier (EG 37,1-4)

2. Anfangen

Abkündigungen; Gebet (vgl. S. 11 f.)

3. Andacht

Bibeltext: Lukas 2, 15-20

Ein spannender Augenblick ist das, wenn ich von einer Reise nach Hause komme und von meiner Familie am Bahnhof abgeholt werde. Sehen sie mich gleich, werde ich sie im Gewühl der Menschen verpassen? Meist dauert es ein paar Minuten, aber dann findet man sich, man läuft aufeinander zu und nimmt sich in die Arme. Die Ankommende wird gefunden, die Spannung ist weg, Freude, Geborgenheit und Glück sind da. Man findet sich.

Und so, stelle ich mir vor, ist es den Hirten auf dem Feld ergangen. Gott findet diese rauhen Gesellen – und mitten in der Nacht wird ihnen hell, innerlich warm. Dieses schwere Leben wird durchsichtig für die Nähe Gottes, es wird hell, nichts ist mehr fragwürdig, alles ist klar, das Leben ist heil, der Heiland ist geboren. Gott findet diese Menschen. Sie lassen sich anrühren. Sie gehen nach Bethlehem, sie wollen sehen, was los ist. Sie sehen das Kind. Und dann breiten sie das aus, was sie gehört haben, was sie gespürt haben: Gott ist bei den Menschen, er findet sie, die Menschen, die Ärmsten unter ihnen, er sucht sie, er findet sie. Das Entscheidende ist getan. Gott steht uns zur Seite. Das können wir vielleicht nur gegen den Augenschein glauben. So wird aber aus der Aussage eine Zusage, sie wird zur Kraft. Aus dieser Zusage Gottes wächst Vertrauen ins Leben.

Die Art und Weise, wie wir Weihnachten feiern, deutet darauf hin, dass wir nach Geborgenheit und Heil-Sein suchen, dass wir eine Sehnsucht nach Heil-Sein in uns verspüren. Dass wir das Gefühl der Kindheit wieder spüren wollen, wenn in Angstsituationen die Mutter sagte: Es ist alles gut! Und das ist ja dann so wahr: Es ist alles gut, ja es ist alles gut, weil Gott uns findet. Wir brauchen nicht mehr nach uns selbst zu suchen oder uns zu beweisen. Es ist gut, Gott ist da. – Gott findet uns!

Die Hirten sahen das Kind und breiteten das Wort aus, das zu ihnen über das Kind gesagt worden ist, nämlich, dass Jesus Christus der Heiland ist.

Nicht nur für uns heute ist das Wort »Heiland« kaum verständlich – auch damals wunderten sich die Menschen über den Inhalt der Botschaft. Es ist also nichts Ungewöhnliches, wenn wir uns damit schwer tun, wenn wir uns wundern, nach dem Inhalt fragen und ihn suchen. Sich auf Gott einzulassen, ist befremdlich, immer wieder und immer neu – zu allen Zeiten. Herausreden gilt nicht, im Zeitalter der Technik, des modernen Weltbildes sei alles schwieriger, nein – das gilt nicht. Schon zu Jesu Zeiten, so berichtet es die Bibel, war die Botschaft von der Liebe Gottes etwas zum Wundern, etwas Fremdes, Befremdliches und in gleichem Maße doch Anziehendes.

Wenn man nun nicht das Glück hat, einer von den Hirten zu sein, die direkt dabei waren, welche Chance haben wir dann heute zu verstehen? Wie kann dieses Verstehen gehen, gibt es einen Schlüssel?

Vielleicht, wenn wir dem Beispiel von Maria folgen, nicht nur verstehen wollen, sondern uns im wahrsten Sinne des Worte auch mitnehmen und bewegen lassen.

Von Maria wird nicht berichtet, dass sie sich wundert. Sie behält die Worte, die sie hört, im Herzen, bewegt sie, sie versteht in einer tiefen Weise. Sie hört die Worte nicht nur mit dem Verstand, sie nimmt sie in sich hinein, lässt sie sich wortwörtlich zu Herzen gehen.

Wenn man sich die Worte zu Herzen gehen lässt, verändern sie einen selbst, weil man sie in sich, in sein Gedankengebäude, in die eigene Person einlässt. In Maria ist eine Wirkstätte und eine Werkstatt, sie bewegt, sie verarbeitet das Gehörte. Sie verarbeitet ihre in der Wirklichkeit nicht sehr rosige Situation mit dem unendlichen Lob Gottes der Engel. Sie verarbeitet ihre Situation und den Zuspruch innerlich. Sie wird damit zum Symbol von Glaubenserfahrung und Lebensgesundheit.

Dann handelt sie. Sie gibt nicht auf in dieser lebensbedrohlichen Situation, als Herodes kleine Kinder ermorden lässt und ihr neugeborener Sohn in Gefahr ist – sie flieht. Sie gibt nicht auf, obwohl die Situation lebensbedrohlich und schwierig ist. Sie weiß, es ist alles gut, sie ist nicht allein – daher kann sie tun, was zum Leben nötig ist. Maria bewegte die Worte im Herzen.

Bewegt – was heißt das, bewegt zu sein, was ist das? Wie kann das Leben eines Menschen aussehen, der sich von Gott gefunden weiß, der sich über die Worte von Gottes Zuwendung zu den Menschen nicht wundert, sondern der sie in sich trägt?

Immer wieder begegnen mir Menschen, die krank sind, die der Heilung bedürfen oder keine Heilung mehr in Aussicht haben, die sich aber trotzdem heil fühlen. Sie sind heil, weil sie ihre Krankheit akzeptiert haben als etwas, was zu ihnen gehört, als etwas, mit dem sie leben müssen, das aber zu einem Teil von ihnen geworden ist. Sie sind heil, gesund in einem umfassenden Sinn. Sie sind gesund, weil sie ihr Kranksein annehmen können. So kann es bei diesen Menschen auch möglich sein, dass sie nicht alles, was möglich ist, unternehmen, um die Krankheit loszuwerden. Das hat nichts mit Sadismus zu tun oder mit Leiden-Wollen. Sie können mit ihrer Krankheit leben und sie überlegen genau, welches Risiko sie eingehen wollen.

Heute ist es z. B. möglich, dass Blinde durch Weiterentwicklung der Medizintechnik Umrisse erkennen bzw. Licht und Dunkel unterscheiden können. Eine Operation ist dazu notwendig. Nicht alle Blinden wollen sich darauf einlassen. Die Operation ist ein Risiko. Vielleicht gelingt das medizinische Experiment nicht.

Nicht alles, was möglich ist, um Krankheiten zu heilen, ist auch gut für den Menschen. Anders ausgedrückt: Nicht alles Machbare bringt dem Menschen Heil. Ein badischer Krankenhauspfarrer erzählt von Menschen, die eine Krankheit haben, aber nicht darunter leiden. Sie verstehen sie als eine Möglichkeit, neue Erfahrungen und Erkenntnisse im Leben zu gewinnen. »Ich hatte in dieser Beziehung einmal ein eindrucksvolles Erlebnis mit einer relativ jungen Patientin. Ich war einige Zeit abwesend von der Klinik, in der sie wegen ihres kranken Beines lag, und als ich zurückkam, war es amputiert. Ich nahm an, dass dies hart für sie sei, und befürchtete, als ich zu ihr ging, furchtbares Jammern. Doch sie lächelte mich an und sagte: ›Das Bein ist weg. Was soll ich mir darüber Gedanken machen? Das ist für mich erledigt und kein Problem mehr. Es gibt Wichtigeres.‹ Und so war es tatsächlich. Sie war gegenüber vorher, als sie noch um ihr Bein fürchtete, befreit und irgendwie geläutert.« (Helmut Har, Jesus der Heiler, Olten 1988, S.33) Die Patientin will ihr Leben leben, so wie sie es kann. Nicht Vollständigkeit oder Gesundheit ist entscheidend, sondern dass das Leben mit den Aufgaben, die es bereithält, gelebt wird.

Bewegt zu leben heißt auch: Immer wieder nach Glauben zu suchen. Auch dann in dem Wissen zu leben, dass alles gut wird, wenn die Zweifel am Glauben und am eigenen Leben kommen. Auch wenn Verzweiflung uns ergreift, wenn das Wort uns zu entschwinden scheint, wenn wir uns wundern und nicht verstehen, wenn es uns nicht bewegt. Gott gibt uns das Wort von seiner Liebe, manchmal bewegt es uns, dann ist alles klar, manchmal macht es alles noch unverständlicher. Dieser Zweifel am Glauben, dieses Rufen und Fragen nach Glauben kann auch eine Form von Glauben sein, eine anstrengende vielleicht. Auch da ist Gott nahe.

Gott kommt ohnmächtig als armes Kind in diese Welt – das ist die Zusage. Ihm ist alles Menschliche, ihm sind Leid und Kummer nicht fremd ist. Der Nachteil davon, dass er nicht mächtig in diese Welt einbricht, ist, dass sich nicht auf einen Schlag alles zum Guten ändert. Aber seit damals ist Gott zu finden. Ein für alle Mal gibt er sich im Wort zu erkennen. Gott ist im Allermenschlichsten, im Kleinen zu finden. Bewegt zu leben, heißt nach Glauben zu suchen, im Wissen, dass alles gut ist, dass alles gut wird – auch, wenn in dieser Welt noch nicht alles gut ist.

Und die Hirten kehrten um und lobten Gott. – Sie kennen ihn: Der Bayer Alois sitzt auf der Wolke und lobt Gott: »Halleluja sog i.« Mit der Zeit langweilt er sich. – Ob's damit wohl getan ist. Ist das das »Gott Loben«, von dem unser Text spricht?

Zwischenimpuls:
Lied: Lobet und preiset, ihr Völker den Herrn (EG 337) wird als Kanon gesungen

Gott loben: Was heißt das für uns heute? Gott loben bedeutet: mit sich im Einklang zu leben, jeden Tag als Geschenk Gottes zu empfinden. Das ist Lob Gottes: sich zu freuen über den neuen Morgen.

Jörg Zink sagt das so: »Die Psalmen fordern nicht nur den Menschen, sondern auch die Steine, die Bäume und die Berge auf, Gott zu loben. Sie sagen: Der Baum ist ein Gedanke Gottes. Er spiegelt seine Absicht. Er ist vollkommen, wenn das schöpferische Können Gottes an ihm sichtbar ist. Wenn er das ist, was er sein soll, nämlich ein ›Baum‹, dann ›lobt‹ er Gott und verweist auf seinen Meister. Die vollkommenste Antwort, die der Mensch Gott geben kann, ist der Lobgesang. Indem er Gott rühmt, ist er ganz frei, ist er ganz er selbst geworden.« (Jörg Zink, Wie wir beten können, Stuttgart 1970, S. 232)

Wir können uns freuen, dass es uns gibt. So loben wir Gott, der uns gemacht hat und weisen auf ihn zurück. »Ich freue mich, dass es dich gibt.« Wenn Sie diesen Satz sagen, loben Sie Gott für den anderen, über den Sie sich freuen, dann loben Sie Gott für das Kunstwerk, das er geschaffen hat. Ihn, Gott, der uns findet, der uns mit seinem Wort bewegt, ihn loben wir.

Lied: Ich steh an deiner Krippen hier (EG 37,6-9)

Vater unser

4. Austausch

Kaffeetrinken; Gespräch; Austausch (vgl. S. 12 f.)

5. Aktion/ Anregungen

Lied: Herbei, o ihr Gläub'gen (EG 45,1-4)

Der Ablauf des weiteren Nachmittags wird vorgestellt:

Vorwiegend mit unserer Hände Werk wollen wir nun Gott loben und praktische Dinge für die Vorweihnachts- und Weihnachtszeit anfertigen. Wer das nicht will, hat die Möglichkeit sich in Gruppen über Gedichte auszutauschen oder sich tiefer mit der Weihnachtsgeschichte zu beschäftigen.

Arbeitsauftrag:
Aus lufttrocknendem Terracotta-Ton stechen wir weihnachtliche Figuren (Stern, Tannenbaum, Engel etc.) mit Backförmchen aus. Jeder nimmt sich ein Stück Ton und legt ihn auf glatter Folie aus. Dann werden die Formen ausgestochen. Mit Hilfe eines Schaschlikspießes bohren wir Löcher zum Aufhängen in die Figuren.

Arbeitsauftrag:
Wir wollen Öllämpchen basteln: Es stehen kleine, bauchige Glasfläschchen mit engem Flaschenhals bereit (z.B. Orangina-Flaschen), farbiges Petroleum, Farben, Pinsel, Holzkugeln und Dochte. Überlegen Sie bitte, welche Farbe Sie Ihrer Öllampe geben wollen. Nun malen Sie die Holzkugel z. B. blau an. Wenn sie trocken ist, fädeln Sie den Docht durch das Loch in der Holzkugel. Danach füllen Sie die Flasche mit einem farblich passenden Öl, in diesem Fall also blauem Öl, und stecken Sie nun das andere Ende des Dochts in die gefüllte Flasche, sodass die Kugel auf der Öffnung sitzt. Fertig ist das Öllämpchen.

Arbeitsauftrag:
Wir basteln Weihnachtskarten und schreiben Weihnachtsgrüße: Wir zeichnen die Umrisse von Weihnachts-Backförm-

chen auf farbigen Plakatkarton und schneiden die Motive aus. Diese kleben wir in beliebiger Anordnung auf bunten Plakatkarton (Din A 5), aus dem wir durch Falten eine Doppelkarte (DIN A 6) herstellen. Anschließend beschriften wir die Karten, je nach gewählter Farbe des Plakatkartons beispielsweise mit Metallstift (silber, gold) oder Schwarzstift.

ARBEITSAUFTRAG:
Kleine Holzäste sind für Sie vorbereitet. Mit der Eisenbürste können Sie die Jahresringe deutlich sichtbar machen. Anschließend wird der von Ihnen gebürstete Schnitt in Plaka-Farbe getaucht und auf Papier gedrückt. Aus den Abdrücken können Engelsgesichter gemalt werden. Auch daraus können Weihnachtskarten gestaltet werden.

IMPULS:
Eine andere Gruppe von Ihnen hat die Möglichkeit, sich über die Gedichte (siehe Materialteil S. 153) auszutauschen. Lesen Sie sich die Gedichte gegenseitig vor und kommen Sie darüber ins Gespräch.

ARBEITSAUFTRAG:
Wir haben eine Krippe aufgebaut. Die Hauptfiguren, wie Maria, Josef, das Kind, die Hirten und die Könige sind versammelt. Suchen Sie sich die Figur heraus, die Sie gerne sein möchten. Fühlen Sie sich wie ein Schauspieler in die Rolle dieser Figur in der Geburtsgeschichte ein. Vielleicht können Sie nachher im großen Kreis eine Kostprobe Ihrer Rolle geben.

6. Abschied

Tipps und Hinweise; Wochenpsalm; Lied (s. S. 13 f.)

Materialteil

Material zum Ablauf

Ankommen

Die Senioren haben in dem Raum, in dem sie sich treffen, in der Regel ihre »Stammplätze«. Ab und zu empfiehlt es sich, diese Sitzordnung zu durchbrechen. Nachfolgend finden Sie einige Möglichkeiten unter der Alternative I und II. Andere Formen, den Beginn eines Seniorennachmittags zu gestalten, bieten Ihnen die Alternativen III bis V.

Alternative I
Eine farbige (grüne, blaue, rote etc.) Karteikarte (Din A 5) wird in vier Teile geschnitten. Die gleichen Farben finden sich zusammen und nehmen Platz. Das funktioniert auch mit anderen Materialien. Je zwei oder vier Federn, Buntstifte, Fäden, Stoffreste, Briefmarken etc. werden verteilt, die passenden Materialien müssen sich zusammenfinden.

Alternative II
Worte, die mit dem Thema des Tages zu tun haben, sind einmal getrennt auf zwei Karteikarten geschrieben. Z. B. zum Thema »Frühling« sind folgende Worte denkbar: Os-tern, Blu-men, Bäu-me, Wie-se. Zwei Partner finden sich durch das getrennt geschriebene Wort zusammen. Wenn die Teilnehmenden Platz genommen haben, werden sie aufgefordert, den Partner nach dem wichtigsten Ereignis des Tages zu befragen. Nach einer kleinen Austauschrunde stellt der eine Gesprächspartner den anderen der Runde vor. Inhalt ist z. B. ein wichtiges Ereignis aus der letzten Zeit. Das können auch Kleinigkei-

ten sein, die aber für die Betroffenen wichtig sind (z. B. dass die Osterglocken schon aufgeblüht sind, das Enkelkind zu Besuch war, eine Grippe überstanden wurde).

Alternative III

Lied mit Sitztanzelementen

Die Teilnehmenden sitzen im Kreis und singen das Lied »Herr, deine Liebe ...« (EG Württ. Anhang 643). Der Refrain ist den Seniorinnen geläufig. Er wird durch Tanzelemente gestaltet. Bei »Herr« heben sie die Arme in die Höhe, bei dem Wort »Liebe« gehen die Hände zum eigenen Herz zurück. Bei »Gras« wird der Oberkörper auf den Boden gebeugt, die Hände lassen flach vom Boden »Gras« wachsen. »Ufer« wird aus der geraden Sitzposition heraus gestaltet. Die Augen werden mit der Hand beschirmt, es wird nach »Ufer« Ausschau gehalten. Wenn Dreieckstücher vorhanden sind, schwenken die Anwesenden diese bei »Wind« und »Weite« und bewegen den Oberkörper, sodass im Kreis eine Wellenbewegung entsteht.

Alternative IV

Eine ausführlichere Anfangsrunde wird geplant. Sinnvoll ist dies vor allem nach einer längeren Pause (z. B. Sommerpause). Die Zusammensetzung des Kreises hat sich vielleicht geändert. Einige können nicht mehr kommen, Neue sind dazu gestoßen. Jede und jeder stellt sich selbst vor. Er oder sie sucht einen Teil aus, den sie für typisch für sich halten (z. B. Haare, Augen, Schmuck, Kleidung). Jemand kann z. B. sagen: »Ich bin wie mein Schmuck, unauffällig und zurückhaltend. Aber in mir steckt ein wertvoller Kern.«

Alternative V

Wenn der Kreis sich neu zusammengefunden und drei- bis viermal getroffen hat, kann man davon ausgehen, dass die Teilnehmenden sich mit Namen kennen. Dann kann der Seniorennachmittag mit »zipp – zapp« begonnen werden. Ein/e

Teilnehmer/in ist in der Mitte des Kreises, sie/er deutet auf eine im Kreis Sitzende und sagt »zipp«. Diese muss daraufhin den Namen des linken Nachbar sagen (gut zu merken: Zipp mit »i« wie links). Bei »zapp« muss der Name der rechten Nachbarin gesagt werden. Bei einem rüstigen Seniorenkreis, der noch »gut zu Fuß« ist, werden beim Befehl »zipp – zapp« die Plätze getauscht und das Spiel kann weitergehen.

Anfangen

ALTERNATIVE GEBETE

Gebete bei Todesfällen

- Wir sind traurig, Gott, eine/r aus unserer Mitte fehlt.
  … ist gestorben.
  Er/sie war Teil unserer Gruppe, wir vermissen ihn/sie.
  Wir denken an unseren Tod – wir fühlen uns hilflos.
  Was hilft, Gott, was tröstet, Gott?
  Du bist unsere Hilfe, unsere Stärke, unser Trost.
  Hilf uns, dass uns gute und tröstliche Gedanken kommen,
  gib uns Kraft zum Leben, lass uns Freude atmen,
  denn wir wissen, … ist bei dir aufgehoben. Amen

- Gott, uns erscheint das Leben manchmal wie ein Puzzle, das nicht fertig geworden ist.
  … ist gestorben.
  In unserer Erinnerung sind Gesprächsfetzen,
  Situationen, in denen wir gemeinsam gelacht haben,
  und andere Bruchstücke gemeinsamen Lebens. – Puzzleteile.
  Jetzt ist … tot.
  Ihr Lebenspuzzle ist fertig geworden, Gott, du hast es vollendet.
  Wir bleiben zurück.

Jede und jeder von uns erinnert sich an ein anderes Stück Leben, das wir miteinander teilten.
Eine Lücke ist entstanden.
Lass uns deine Nähe spüren, damit wir nicht verzweifeln.
Gib Kraft zum Weiterleben. Amen.

- Ein Lebensbuch ist zugeschlagen. … ist gestorben.
  Wir klagen dir das, Gott. Warum müssen Menschen sterben?
  Viele Fragen, Ängste und Zweifel plagen uns angesichts des Todes von …
  Gott, du gibst uns das Leben, schlägst Seite für Seite in unserem Lebensbuch um,
  wir vertrauen darauf, dass du dieses Buch vollendest.
  Bei dir sind wir aufgehoben, der Tod gehört zum Leben,
  jedes Buch hat einen Schluss.
  Du bist da am Ende unseres Lebens, du begleitest uns,
  bei dir sind wir aufgehoben über unser Ende hinaus. Amen.

Gebete vor der Andacht

- Gott, Himmel und Erde sind dein.
  Du kennst uns, die Menschen. Unsere Sorgen und Nöte sind dir nicht fremd.
  Lass uns nicht verzweifeln an den täglichen Anforderungen.
  Gib uns Mut ins Herz, dass wir uns nicht selbst bemitleiden.
  Gib uns Munterkeit der Sinne, dass wir andere aufmerksam anschauen und ihnen zuhören.
  Gib uns Kraft der Seele, dass wir in deinem Sinn handeln.
  Und du, Gott, des Trostes, lass uns auch trösten, wo es nötig ist. Amen.

- Gott, Vater und Mutter, wir sind dein.
  Wir sind heute hierher gekommen,
  um uns zu freuen und gemeinsam an einem Thema zu arbeiten.
  Sei du bei uns. In unserer Mitte sollst du nicht fehlen.

Gib deinen guten Geist für diesen Tag.
Wir wollen nachdenken und gestalten,
begleite uns, gib Nähe und Geborgenheit. Amen.

- Gott, Schöpfer und Erhalter,
schenke uns deine Gegenwart an diesem Nachmittag.
Lass uns spüren, dass du unser Schöpfer bist:
Du hast uns gewollt. Unser Leben liegt in deiner Hand.
Schenke uns diesen Augenblick,
lass ihn erfüllt sein, ohne Angst und ohne andere Gedanken.
Aus dem Alltag sind wir zu dir aufgebrochen.
Sei bei uns. Amen.

- Gott, du Trost und Hoffnung,
Manchmal drückt uns die Sorge um uns selbst sehr.
Wie geht es weiter? Bleibe ich gesund, werde ich einsam sein?
Das Leben verrinnt mit diesen Gedanken.
Das Leben ist ein Strom, ein großer Fluss, es will fließen, auch im Alter.
Gott, sei Fährmann auf dem Lebensstrom,
lass uns nicht vorzeitig das Leben einstellen durch trübe Gedanken.
Gib, dass wir es ausschöpfen bis zum letzten Tropfen. Amen

Liedvorschläge: Goldene Hochzeit

- Bis hierher hat mich Gott gebracht (EG 329)
- Harre, meine Seele (EG Pfalz/Baden 640)
- Ach bleib mit deiner Gnade (EG 347)
- Du meine Seele, singe (EG 302)

Vorschläge Tischschmuck für Goldene Hochzeit

- Die Gedecke werden mit kleinen Blumen und Blättern umkränzt.
- Unter den Gedecken liegen ein Bräutigam und eine Braut, sie sind aus Tonpapier ausgeschnitten.

- Eine Vergrößerung Ihres Hochzeitsbildes von vor fünfzig oder sechzig Jahren befindet sich in starker Folie oder Plastik eingeschweißt als Platzdeckchen unter den Gedecken.
- Eine Vergrößerung eines Photos der Goldenen Hochzeit liegt als Puzzle verteilt um die Gedecke und muss vom Paar zusammengesetzt werden.

Abschied

Lieder zum Abschied

- Vergiss nicht zu danken dem ewigen Herrn (EG Pfalz/Baden 618; EG Württ. 608)
- Bevor die Sonne sinkt (EG 491)
- Weiß ich den Weg auch nicht (EG Pfalz/Baden 641; EG Württ. 624)
- In dir ist Freude (EG 398)
- Wie ein Fest nach langer Trauer (EG Pfalz/Baden 666; EG Württ. 660)

Andere Formen des Abschieds:

- Die Teilnehmende reichen sich reihum die Hand und wünschen sich: »Friede sei mit dir.«
- Alle nehmen sich an die Hand, am besten in der Runde, und eine spricht den Segen. Die Menschen in der Runde antworten mit: »Amen«.
- Jede/Jeder bekommt einen bunten Stoffstreifen (etwa 40 cm lang, 5 cm breit). Eine/r knüpft seinen Streifen an den anderen, verbunden mit einem guten Abschiedswunsch. Der Strang wird im Raum aufgehängt.
- Zu entsprechender Musik wird eine Polonäse getanzt. Wir fassen uns an die Schulter und gehen durch den Raum. Am Schluss stellt sich das erste Paar wie ein Haus auf, die ande-

ren müssen durchgehen und sich anstellen. Wenn einmal alle durchgegangen sind, geht das erste Paar noch einmal durch die ganze Reihe und verlässt den Raum. So machen es alle anderen auch. Die Polonäse endet, wenn das vorletzte Paar durchgegangen ist. Dann verlässt auch das letzte Paar den Raum.

Material Januar

Kopiervorlage: Kinderfüße

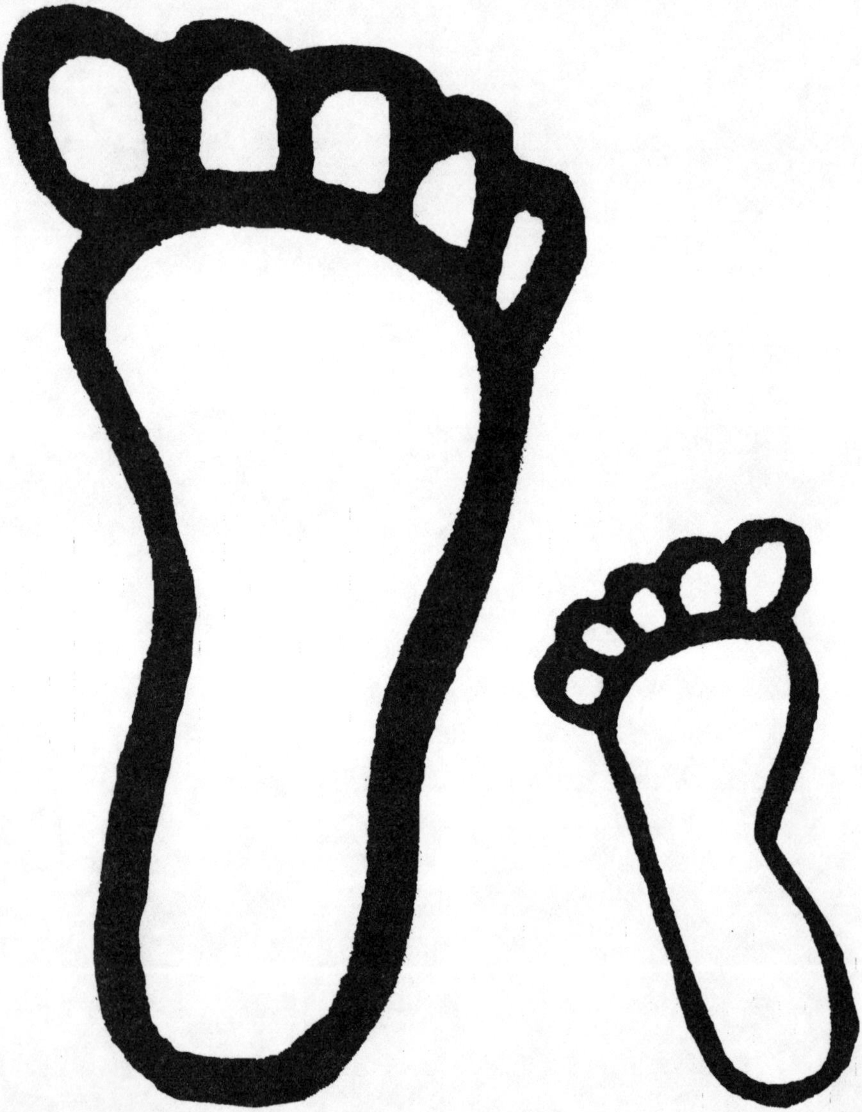

Material März

Passion

Dem Leiden und Sterben Jesu hilflos ausgesetzt,
fragten sie nach dem Wozu und Warum.
Wo ist der Sinn?
So starb er, wie sie meinten: Für unsre Sünden,
Er litt für uns, anstelle von uns,
versöhnte Gott.
War das der Gott Jesu?
Der Gott, den er Abba, Papi nennt?
Dem er vertraute?
Unergründlich: Warum und Wozu.
Viel erklärt und wenig gewusst.
Und doch: er hat durchlitten,
alles, was einem Menschen blühen kann,
bis in die finsteren Tiefen des Todes.
Wozu und Warum? Unergründlich?
In Ihm aber zeigt sich der Grund
im Grunde des anderen Gott zu sehen.

(Heiderose Gärtner)

Material April

Lied: Weizenkörner, Trauben

B 105 Mühle und Kelter

2. Weizenkörner, Trauben, hört von unserm Glauben:
   wer nicht in die Mühle fällt, leidet keine Not,
   wird kein Brot.

3. Weizenkörner, Trauben, hört von unserm Glauben:
   wer nicht in die Kelter fällt, wird auch nicht gepresst für
   das Fest.

Text: Wilhelm Willms, Melodie: Oskar Gottlieb Blarr
aus: »Exodus«, 1979

* Capo 11– G-dur

Material Mai

Kopiervorlage: Blüten

Material Mai

Du musst das Leben nicht verstehen,
dann wird es werden wie ein Fest.
Und lass dir jeden Tag geschehen
so wie ein Kind im Weitergehen
von jedem Wehen
sich viele Blüten schenken lässt.
Sie aufzusammeln und zu sparen,
das kommt dem Kind nicht in den Sinn.
Es löst sie leise aus den Haaren,
drin sie so gern gefangen waren,
und hält den lieben jungen Jahren
nach neuen seine Hände hin.

(Rainer Maria Rilke)

Material Juni

Das Vaterunser in meditativer Körpersprache

Vater unser	*Die Arme werden gerade in Richtung Himmel gestreckt.*
Geheiligt werde dein Name	*Die Arme gehen zum Körper, die Hände treffen sich auf dem Herzen.*
Dein Reich komme	*Von der Körpermitte gehen offene, empfangende Hände nach vorne.*
Dein Wille geschehe	*Die Arme kreuzen sich vor der Brust, der Kopf neigt sich nach vorne.*
Wie im Himmel	*Die Hände werden gerade nach oben gestreckt.*
So auf Erden	*Die Hände zeigen nach unten auf die Erde.*
Unser tägliches Brot gib uns heute	*Die wie eine Schale zusammengenommenen Hände werden an den Mund geführt.*
Und vergib uns unsere Schuld	*Wir schütteln uns, lassen alles von uns abfallen.*
Wie auch wir vergeben unseren Schuldigern	*Wir reichen uns die Hände, Versöhnungsgeste.*
Und führe uns nicht in Versuchung	*Die Arme gehen waagrecht nach vorn, Handflächen senkrecht nach vorne. Eine Abwehrgeste.*
Sondern erlöse uns von dem Bösen	*Die Hände treffen sich in Höhe des Herzens vor der Brust, wir öffnen die Arme weit, als wenn wir jemanden empfangen wollen.*
Denn dein ist das Reich und die Kraft und die Herrlichkeit	*Die geöffneten Arme gehen nach oben.*
In Ewigkeit, Amen.	*Wir nehmen uns an den Händen.*

Material Juni

Kopiervorlage: Taubenkarten

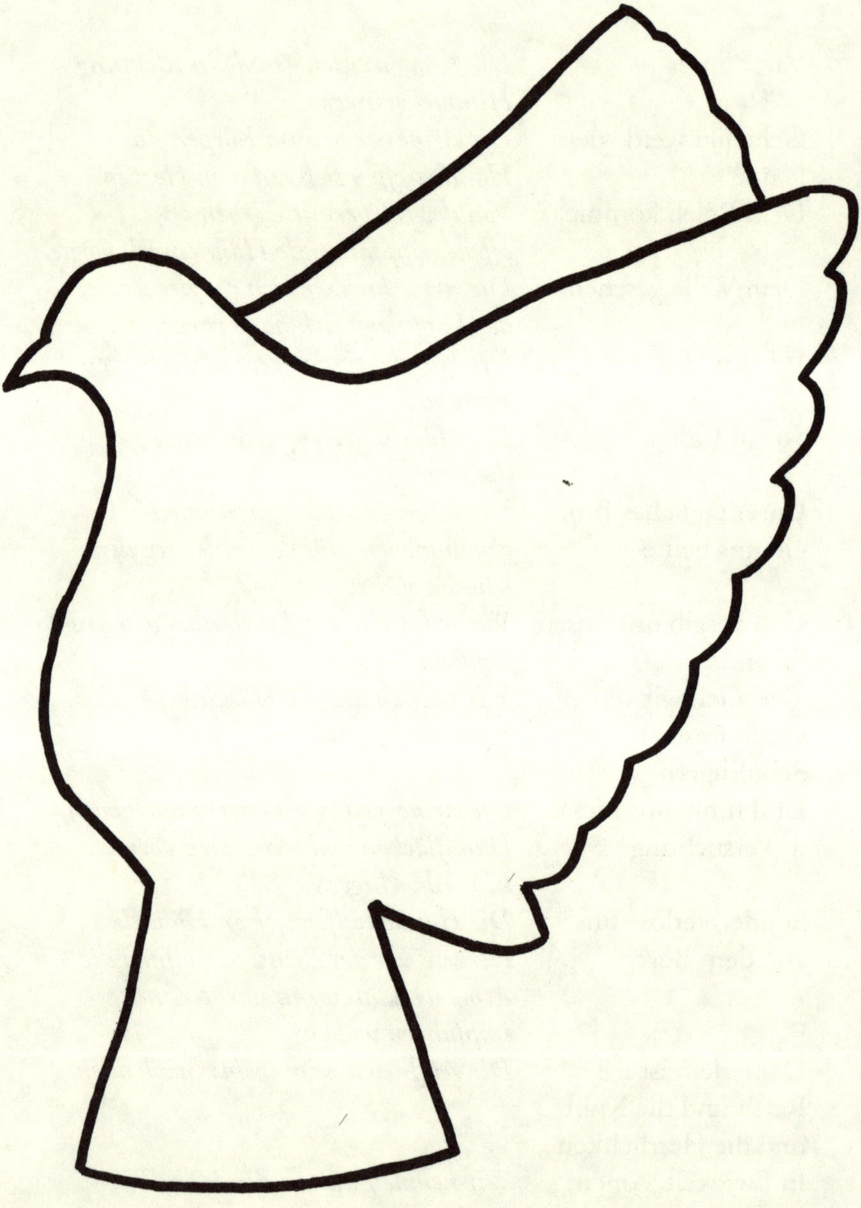

Material Juni

Kopiervorlage: Wolkenkarten

Material August

Bild: Fisch ist Fisch, Leo Lionni

Material Oktober

Kopiervorlage/Bastelvorlage: Schmetterling

Schmetterlingsschablone ausschneiden. Schmetterling von unten nach oben in kleinen Falten knicken (Ziehharmonika). In der Mitte durch Umwickeln mit einem Fädchen zusammenbinden. Die Flügel auseinanderfalten und an den Flügeln aufhängen.

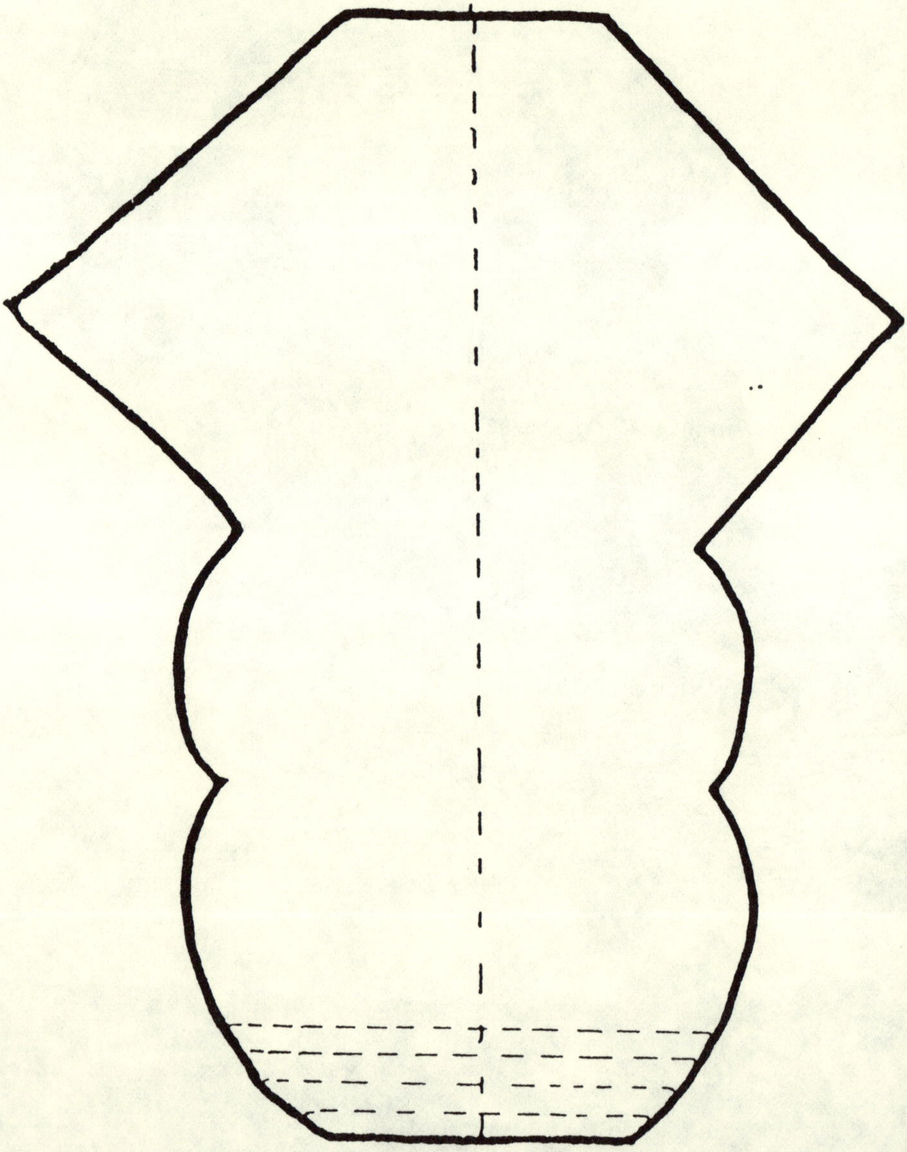

Material Oktober

Lebensregeln im Alter

1. Du sollst dir klarmachen, dass die jüngeren, die verwandten oder sonst lieben Menschen beiderlei Geschlechts ihre Wege nach ihren eigenen (nicht deinen) Grundsätzen, Ideen und Gelüsten zu gehen, ihre eigenen Erfahrungen zu machen und nach ihrer eigenen (nicht deiner) Fasson selig zu sein und zu werden das Recht haben.
2. Du sollst ihnen also weder mit deinem Vorbild noch mit deiner Altersweisheit, noch mit deiner Zuneigung, noch mit Wohltaten nach deinem Geschmack zu nahe treten.
3. Du sollst sie in keiner Weise an deine Person binden und dir verpflichten wollen.
4. Du sollst dich weder wundern noch gar ärgern und betrüben, wenn du merken musst, dass sie öfters keine oder nur wenig Zeit für dich haben, dass du sie, so gut du es mit ihnen meinen magst und so sicher du deiner Sache ihnen gegenüber zu sein denkst, gelegentlich störst und langweilst und dass sie dann unbekümmert an dir und deinen Ratschlägen vorbeibrausen.
5. Du sollst bei diesem ihrem Tun reumütig denken, dass du es in deinen jüngeren Jahren den damals älteren Herrschaften gegenüber vielleicht (wahrscheinlich) ganz ähnlich gehalten hast.
6. Du sollst also für jeden Beweis von echter Aufmerksamkeit und ernstlichem Vertrauen, der dir von ihrer Seite widerfahren mag, dankbar sein, du sollst aber solche Beweise von ihnen weder erwarten noch gar verlangen.
7. Du sollst sie unter keinen Umständen fallen lassen, sollst sie vielmehr, indem du sie freigibst, in heiterer Gelassenheit begleiten, im Vertrauen auf Gott auch ihnen das Beste zutrauen, sie unter allen Umständen lieb behalten und für sie beten.«

(Karl Barth in: Späte Freundschaft, Carl Zuckmayer/Karl Barth in Briefen, Zürich 1977, S. 56f.)

Material Oktober

Lebensempfehlung für das Alter

O Herr, du weißt besser als ich, dass ich von Tag zu Tag älter werde und eines Tages alt sein werde!
Bewahre mich vor der Einbildung, bei jeder Gelegenheit zu jedem Thema etwas sagen zu müssen! Erlöse mich von der großen Leidenschaft, die Angelegenheiten anderer ordnen zu wollen! Lehre mich nachdenklich, aber nicht grüblerisch, hilfreich, aber nicht diktatorisch zu sein!
Bei meiner ungeheuren Ansammlung von Weisheit scheint es mir ja schade, sie nicht weiterzugeben, aber du verstehst, o Herr, dass ich mir ein paar Freunde erhalten möchte.
Bewahre mich vor der Aufzählung endloser Einzelheiten und verleihe mir Schwingen, zur Pointe zu gelangen! Lehre mich über meine Krankheiten und Beschwerden zu schweigen. Sie nehmen zu und die Lust, sie zu beschreiben, wächst von Jahr zu Jahr. Ich wage nicht, die Gabe zu erflehen, mir Krankheitsschilderungen anderer mit Freude anzuhören – aber lehre mich, sie immerhin geduldig zu ertragen.
Lehre mich die wunderbare Weisheit, dass ich mich irren kann. Erhalte mich so liebenswert wie möglich. Ich möchte keine Heilige sein, mit ihnen lebt es sich so schwer, aber ein alter Griesgram ist das Krönungswerk des Teufels! Lehre mich, an anderen Menschen unerwartete Talente zu entdecken, und verleihe mir, o Herr, die schöne Gabe, sie auch zu erwähnen.

(Nach Teresa von Avila, 1515–1582)

Material Oktober

Hanna

Wie Hanna – hoffen
Wie Hanna – warten auf ihn
Wie Hanna – Geduld mit Gott haben, nicht aufgeben
Wie Hanna – den Zeitpunkt nicht verpassen,
Augen für Gott haben, ihn hören können,
Dabeisein, weil er ruft,
die Aufgaben annehmen bis zum Schluss
und dann in seinem Frieden gehen können.

(Heiderose Gärtner)

Material Oktober

Kopiervorlage: Herbstblätter

Material November

Karikatur Tiki Küstenmacher

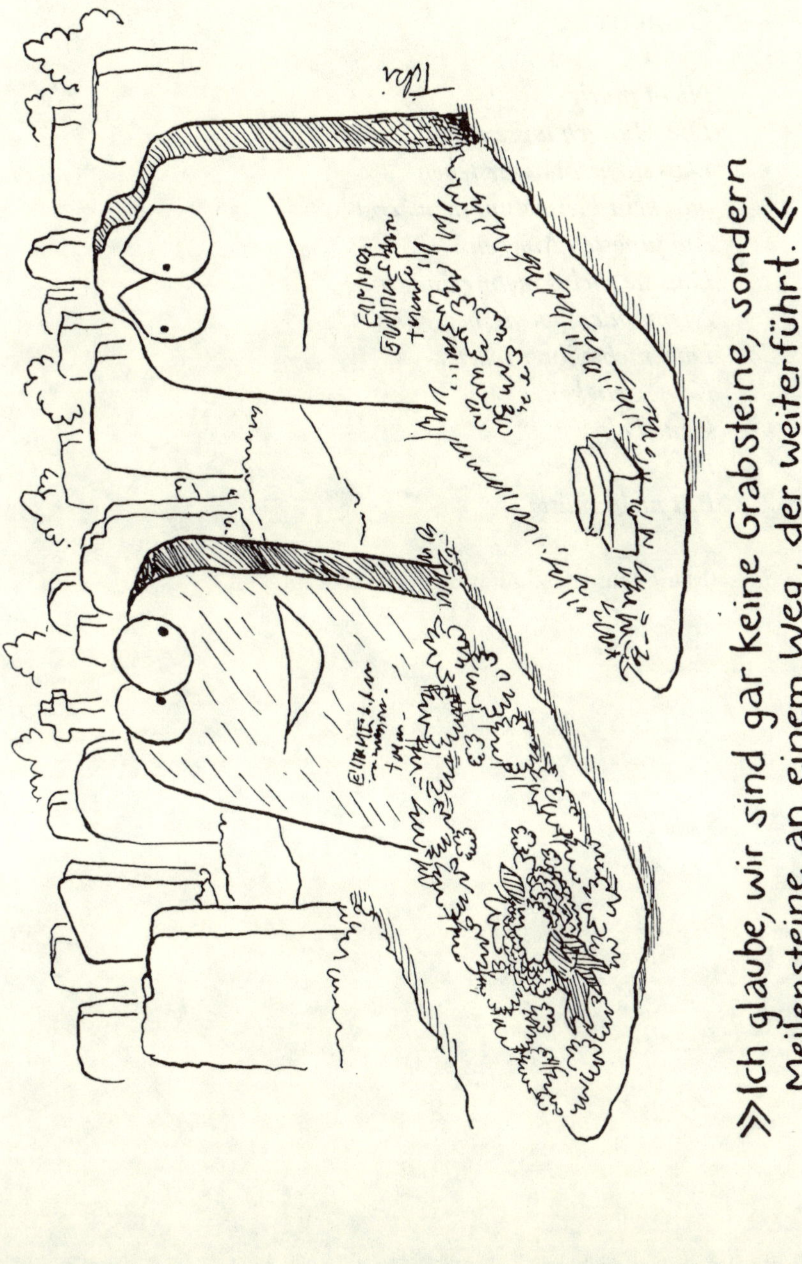

Material November

Gedicht

Nicht mutig
Die Mutigen wissen
Dass sie nicht auferstehen
dass kein Fleisch um sie wächst
Am jüngsten Morgen
Dass sie nichts mehr erinnern
Niemandem wiederbegegnen
Dass nichts ihrer wartet
Keine Seligkeit
keine Folter
Ich
Bin nicht mutig.

(Marie-Luise Kaschnitz)

Material Dezember

Ein Wort

Ein Wort, ein Satz: aus Chiffren steigen
erkannte Leben, jäher Sinn,
die Sonne steht, die Sphären schweigen
und alles ballt sich zu ihm hin.
Ein Wort, ein Glanz, ein Flug, ein Feuer,
ein Flammenwurf, ein Sternenstrich,
und wieder Dunkel, ungeheuer,
im leeren Raum um Welt und Ich.

(Gottfried Benn)

als Kind
als Kind
er kam
mich suchen
hier
bin
Ich

(Heiderose Gärtner)

Quellennachweis

Behringer, H.G., Meditation »Weizenkorn«. Aus: ders., Die Heilkraft der Feste. Der Jahreskreis als Lebenshilfe. © Kösel-Verlag, München 2000

Benn, Gottfried, Ein Wort. Aus: ders., Statische Gedichte. © 1948, 2000 by Arche Verlag AG, Zürich-Hamburg

Dekkers, Midas, aus: ders., An allem nagt der Zahn der Zeit. Vom Reiz der Vergänglichkeit. Alle Rechte an der deutschsprachigen Ausgabe: 1999 beim Karl Blessing Verlag, München, in der Verlagsgruppe Bertelsmann GmbH

Kaschnitz, Marie Luise, Nicht mutig. Aus: dies., Gesammelte Werke, Band 5. © Insel Verlag Frankfurt am Main 1985

Küstenmacher, Tiki, Grabsteine. © idea, Wetzlar

Leo Lionni, Fisch ist Fisch. © Middelhauve Verlags GmbH, München

Marti, Kurt, aber es kommt. © beim Autor

Zuckmayer, Carl/Barth, Karl, Lebensregeln für ältere Menschen im Verhältnis zu jüngeren. Aus: Späte Freundschaft in Briefen. © Theologischer Verlag Zürich, 1977

Notizen:

Notizen:

Die Deutsche Bibliothek – CIP-Einheitsaufnahme
Ein Titeldatensatz für diese Publikation ist bei
Der Deutschen Bibliothek erhältlich

1 2 3 4 5 05 04 03 02 01

Ein Unternehmen der Dornier Medienholding GmbH
Postfach 80 06 69, 70506 Stuttgart, Tel. 0711-78 80 30
Sie erreichen uns rund um die Uhr unter www.kreuzverlag.de
Umschlaggestaltung: Atelier Reichert, Stuttgart
Umschlagfoto: © The Stock Market/Jose L. Pelaez Inc.
Satz: Rund ums Buch – Rudi Kern
Druck: Röck, Weinsberg
Bindung: GBW, Weinsberg
Die Schreibweise entspricht den Regeln der neuen Rechtschreibung.
ISBN 3 7831 1895 6